500 perguntas (e respostas) básicas de Finanças

Preencha a **ficha de cadastro** no final deste livro e receba gratuitamente informações sobre os lançamentos e as promoções da Elsevier.

Consulte nosso catálogo completo, últimos lançamentos e serviços no site
www.elsevier.com.br

Hugo Azevedo

500 perguntas (e respostas) básicas de Finanças

Para iniciantes no mercado

coleção Expo Money

Coordenação
Gustavo Cerbasi

4ª Tiragem

ELSEVIER

CAMPUS

© 2008, Elsevier Editora Ltda.
Todos os direitos reservados e protegidos pela Lei nº 9.610 de 19/02/1998.
Nenhuma parte deste livro, sem autorização prévia por escrito da editora, poderá ser reproduzida ou transmitida sejam quais forem os meios empregados: eletrônicos, mecânicos, fotográficos, gravação ou quaisquer outros.

Copidesque: Cláudia Amorim
Editoração Eletrônica: Estúdio Castellani
Revisão Gráfica: Andréa Campos Bivar e Jussara Bivar

Projeto Gráfico
Elsevier Editora Ltda.
Conhecimento sem Fronteiras
Rua Sete de Setembro, 111 – 16º andar
20050-006 – Centro – Rio de Janeiro – RJ – Brasil

Rua Quintana, 753 – 8º andar
04569-011 – Brooklin – São Paulo – SP – Brasil

Serviço de Atendimento ao Cliente
0800-0265340
sac@elsevier.com.br
ISBN 978-85-352-2766-6

Nota: Muito zelo e técnica foram empregados na edição desta obra. No entanto, podem ocorrer erros de digitação, impressão ou dúvida conceitual. Em qualquer das hipóteses, solicitamos a comunicação ao nosso Serviço de Atendimento ao Cliente, para que possamos esclarecer ou encaminhar a questão.
Nem a editora nem o autor assumem qualquer responsabilidade por eventuais danos ou perdas a pessoas ou bens, originados do uso desta publicação.

Dados Internacionais de Catalogação na Publicação (CIP)
(Câmara Brasileira do Livro, SP, Brasil)

Azevedo, Hugo Daniel de Oliveira

500 perguntas (e respostas) básicas de finanças : para iniciantes no mercado / Hugo Daniel de Oliveira Azevedo ; organização Gustavo Cerbasi. – Rio de Janeiro : Elsevier, 2007 – 4ª reimpressão.
– (Coleção ExpoMoney)

ISBN 978-85-352-2766-6

1. Finanças 2. Finanças – Estudo e ensino 3. Perguntas e respostas I. Cerbasi, Gustavo. II. Título. III. Série.

07-7251 CDD-332

Índices para catálogo sistemático:
1. Economia financeira 332
2. Finanças : Economia 332

Dedico este livro à minha esposa, Érica,
e à única obra perfeita de toda a minha vida:
minha filha Maria Fernanda.

Agradecimentos

Falta de gratidão é sinal de mediocridade. Assim, gostaria de deixar aqui uma lista de agradecimentos aos amigos Alexandre Cancherini, do Banco Itaú Unibanco, e André Demarco, da BM&FBovespa.

Apresentação

Quando escrevi meu primeiro livro, *Dinheiro – Os Segredos de Quem Tem* (Editora Gente), surpreendi-me com a resposta positiva de meus leitores. Em minha cabeça, eu havia transcrito idéias muito simples para o papel, com a intenção de popularizar tais idéias entre amigos. Foi somente após ter meu livro pronto que fiz uma grave constatação: as pessoas que realmente entendem de investimentos, mercado financeiro, economia e estratégias financeiras não estavam nas salas de aula ou debruçadas sobre a criação de livros. Estavam, pelo contrário, com seu tempo intensamente ocupado, atuando no mercado e ganhando muito dinheiro para si mesmas ou para grandes instituições.

A vida de um operador de mercado é extremamente atribulada, com uma rotina que começa bem antes da abertura dos mercados locais, para acompanhar notícias pelo mundo, passando pela agitação das operações em si e depois fazendo hora extra para analisar seu desempenho no dia e atualizar planilhas de decisão. Encontrar tempo, em meio a essa rotina, para doar conhecimentos é praticamente impossível.

Porém, em 2003, a Expo Money começou a quebrar esse paradigma. Com um árduo trabalho de convencimento em torno do ideal de educar e fortalecer o mercado, o competente time de profissionais liderado pelo triunvirato Robert Dannenberg, Raymundo Magliano Neto e Carlos Vallim conseguiu deslocar do mercado, por algumas horas, brilhantes profissionais como Hugo Azevedo, um típico operador de mercado que tem muito pouco tempo disponível.

É com satisfação que vejo o ideal de multiplicação do conhecimento se concretizar nos textos da Coleção Expo Money. E foi com grande prazer que recebi do Hugo o projeto de elaborar dois livros com 500 perguntas cada, visando transmitir em pequenas doses o maciço conhecimento necessário para lidar com a complexidade de produtos como os derivativos, mercado em que o Hugo atua na época de elaboração deste material.

Este livro não traz dúvidas populares listadas a esmo. Hugo Azevedo destilou de seu profundo conhecimento acadêmico e prático o cuidado de organizar cada pacote de 500 perguntas seguindo uma ordem lógica e agrupando-as de maneira a permitir um aprendizado seqüencial das disciplinas que embasam as operações do mercado financeiro. É um texto, portanto, que tanto pode servir como referência enciclopédica para termos do mercado, como pode ser adotado como material didático de cursos de introdução aos mercados.

Você, leitor, tem em mãos o resultado de um árduo trabalho de pesquisa, organização e didática. Espero que lhe seja útil não apenas para responder a muitas perguntas refletidas de sua mente nessas páginas, mas também para estimulá-lo a buscar mais informações para melhorar a qualidade de seus investimentos.

Boa leitura!

Gustavo Cerbasi

. . .

Hoje, mais do que nunca, temos que conquistar a nossa independência financeira para que possamos ter um futuro melhor. Normalmente não somos disciplinados em relação ao nosso dinheiro, não aprendemos a lidar com ele em nossa educação e nem sempre temos a oportunidade de aprimorar nossos conhecimentos sobre investimentos e os diversos aspectos do mercado de capitais. Por isso a Coleção Expo Money foi desenvolvida, como um agente transformador da sociedade, um guia para compreender melhor este maravilhoso mundo dos investimentos.

O conhecimento que você está adquirindo foi desenvolvido por um especialista no assunto e terá grande utilidade no entendimento das questões que tanto nos afligem: cuidar melhor do nosso Dinheiro e do nosso Futuro.

O grande segredo para um futuro financeiro melhor e mais eficiente está, agora, em suas mãos. Lembre-se, não existe fórmula mágica para ficar rico, o mais importante está na sua atitude diante das oportunidades que se apresentam para você. O nosso objetivo como coordenadores desta coleção é a transformação para uma sociedade mais justa e digna para todos. Boa leitura!

Robert Dannenberg
Presidente
www.expomoney.com.br

Sumário

Capítulo 1	**CONCEITOS BÁSICOS DE ECONOMIA**	**3**
	Indicadores Econômicos	4
	Políticas Econômicas	9

Capítulo 2	**SISTEMA FINANCEIRO NO BRASIL**	**15**
	Estrutura Geral do Mercado Financeiro no Brasil	16
	Investidores Estrangeiros, Investidores Qualificados e Associações de Classe	27

Capítulo 3	**INVESTIMENTOS EM RENDA FIXA**	**33**
	Conceitos Gerais de Precificação em Renda Fixa	34
	Indicadores de Renda Fixa no Brasil	39
	Títulos Públicos Federais	41
	Tesouro Direto	49
	Títulos Privados de Renda Fixa	52

Capítulo 4	**INVESTIMENTOS EM RENDA VARIÁVEL**	**61**
	Definições Genéricas sobre Renda Variável e o Mercado à Vista de Ações da Bovespa	62
	PIBB11	72
	Os Market-Makers de Ações da Bovespa	75
	O Mercado de Aluguel de Ações da Bovespa	76

	Índices de Ações	79
	Definições Genéricas	79
	Índices de Ações Internacionais	80
	Índices de Ações no Brasil	84
Capítulo 5	**INSTITUIÇÕES E SISTEMAS DE REALIZAÇÃO, REGISTRO, CUSTÓDIA E LIQUIDAÇÃO DE NEGÓCIOS E TÍTULOS NO BRASIL**	**99**
	CETIP	100
	Bovespa	102
	CBLC	107
	BM&F	113
Capítulo 6	**FUNDOS DE INVESTIMENTO NO BRASIL**	**123**
	Conceitos Genéricos de Fundos de Investimento	124
	Classificação de Fundos de Investimento no Brasil	129
	Classificação ANBID	130
	Classificação CVM	136
	Fundos Fechados, Off-shore, FIDC, FII, Venture Capital, Private Equity e FGC	138
	Fundos de Previdência Privada	141
Capítulo 7	**DERIVATIVOS**	**145**
	Definições Básicas	146
	Mercados Derivativos da BM&F	149
	Definições Gerais	149
	Mercados Derivativos da Bovespa	157
	Mercado a Termo de Ações no Brasil	157
	Mercado de Opções *Vanilla* sobre Ações na Bovespa	159
	Estratégias Básicas com Opções	162
Capítulo 8	**TRIBUTAÇÃO DE INVESTIMENTOS NO BRASIL**	**167**
	Conceitos Genéricos	168
	IR sobre Investimentos em Títulos de Renda Fixa	170

IR sobre Investimentos em Renda Variável	171
IR sobre Investimentos em Fundos e Clubes de Investimento	174
IR sobre Investimentos em Derivativos	175
IR para Investidores Estrangeiros	177

BIBLIOGRAFIA 181

ÍNDICE 183

Coleção **EXPO MONEY**

CAPÍTULO 1
Conceitos Básicos de Economia

Somente o conhecimento que nos torna melhores é útil.

SÓCRATES

Motivação

Os conceitos de Economia pelos quais passaremos são fundamentais a qualquer indivíduo que tenha a intenção de entender o funcionamento das engrenagens que fazem os mercados financeiros ao redor do mundo funcionar. Assim, nosso objetivo é apresentar, de forma ordenada, conceitos sobre indicadores econômicos – como os de inflação, juros e câmbio – e políticas econômicas, como a monetária, cambial e fiscal.

INDICADORES ECONÔMICOS

1. Qual a diferença entre Produto Interno Bruto e Produto Nacional Bruto?

O Produto Interno Bruto (PIB) representa a soma (em valores monetários) de todos os bens e serviços finais produzidos em um país, estado ou cidade, durante um período de tempo predeterminado.

O Produto Nacional Bruto (PNB) representa a soma (em valores monetários) de todos os bens e serviços finais produzidos por fatores de produção (terra, capital e mão-de-obra) da região geográfica considerada, estando esses fatores localizados dentro ou fora da região.

2. Na prática, no mercado financeiro, qual é o indicador utilizado: PIB ou PNB?

O Produto Interno Bruto.

3. O que são índices de preços?

Também conhecidos por índices de inflação, são números que agregam e representam os preços de determinada cesta de produtos. Sua variação mede, portanto, a variação média dos preços dos produtos da cesta.

4. Quem calcula os índices de inflação utilizados pelo mercado financeiro, no Brasil, em suas projeções?

Os índices de inflação no Brasil são caculados por três institutos diferentes: pela Fundação Getulio Vargas (FGV), pela Fundação do

Instituto de Pesquisas Econômicas da Universidade de São Paulo (FIPE) e pelo Instituto Brasileiro de Geografia e Estatística (IBGE).

5. Quais são os índices de inflação calculados pela Fundação Getulio Vargas?

A FGV calcula os chamados IGPs (IGP-DI, IGP-10 e o IGP-M), com periodicidade mensal para as três versões. A diferença básica entre eles reside no período compreendido entre o primeiro e o último dia de coleta de preços, a saber:

IGP	Primeiro dia de coleta de preços	Último dia de coleta de preços
IGP-DI	Primeiro dia do mês de referência	Primeiro dia do mês posterior ao de referência
IGP-10	Dia 11 do mês anterior	Dia 10 do mês de referência
IGP-M	Dia 21 do mês anterior	Dia 20 do mês de referência

O IGP-DI é utilizado para a correção de determinados preços administrados, enquanto o IGP-M é o índice utilizado como indexador financeiro, inclusive para títulos da dívida pública federal (NTN-C). Também corrige preços administrados.

6. Qual a composição dos IGPs da Fundação Getulio Vargas?

Todas as três versões são resultantes de uma média ponderada de outros três índices de inflação, a saber:
1. Índice de Preços no Atacado, com 60% de peso
2. Índice de Preços ao Consumidor, com 30% de peso
3. Índice Nacional de Construção Civil, com 10% de peso

7. Quais são os índices de inflação calculados pelo Instituto Brasileiro de Geografia e Estatística (IBGE)?

O IBGE calcula dois índices, o Índice Nacional de Preços ao Consumidor (INPC) e o Índice Nacional de Preços ao Consumidor Amplo (IPCA). A diferença básica entre eles reside na população-objetivo, mais especificamente, é o rendimento familiar, em número de salários mínimos.

Índice	População-objetivo
INPC	famílias com rendimentos mensais entre um e oito salários mínimos
IPCA	famílias com rendimentos mensais entre um e quarenta salários mínimos

Devo salientar que o IPCA é o índice mais relevante do ponto de vista da política monetária, já que foi escolhido pelo Conselho Monetário Nacional como referência para o sistema de metas para a inflação, implementado em junho de 1999.

Já o INPC é um índice utilizado em dissídios salariais, pois mede a variação de preços para quem está na faixa salarial de até oito salários mínimos.

8. Resumidamente, qual é a metodologia do INPC e do IPCA?

Ambos os índices são calculados utlizando-se dados obtidos nas regiões metropolitanas do Rio de Janeiro, Porto Alegre, Belo Horizonte, Recife, São Paulo, Belém, Fortaleza, Salvador, Curitiba, Distrito Federal e Goiânia. O índice nacional é obtido pela agregação dos índices regionais referentes a uma mesma população-objetivo. Essa agregação é ponderada pela "população residente urbana", no caso do INPC, e pelo "rendimento total urbano", no caso do IPCA.

QUADRO-RESUMO DOS ÍNDICES DE INFLAÇÃO NO BRASIL

Instituto	Índice	Componente	Faixa de Renda	Período de Coleta	Período de Divulgação
IBGE	IPCA-15 IPCA INPC	–	1 a 40 sm	Ao dia 15 do mês de referência	Até o dia 25 do mês de referência
			1 a 8 sm	De 16 do mês anterior ao dia 15 do mês de referência	Até o dia 15 do mês subseqüente

Instituto	Índice	Componente	Faixa de Renda	Período de Coleta	Período de Divulgação
FGV	IGP-DI	INPC-DI IPA-DI INCC-DI	1 a 33 sm no IPC ponderado com Preços Atacado e com Preços da Construção Civil	Dia 11 do mês anterior ao dia 10 do mês de referência	Até o dia 20 do mês de referência
	IGP-10	IPC-10 IPA-10 INCC-10		Dia 21 do mês anterior ao dia 20 do mês de referência 1 prévia de 21 a 30 2 prévias de 21 a 10	Até o dia 30 do mês de referência 1 prévia – até dia 10 1 prévia – até dia 20
	IGP-M	IPC-M IPA-M INCC-M		Dia 1 a dia 30 do mês de referência	Até o dia 10 do mês subseqüente Até o dia 10 subseqüente
FIPE	IPC-FIPE	–	1 a 20 sm	Dia 1 ao dia 30 do mês de referência	IPC-DI

Fonte: www.bc.gov.br
sm – salário mínimo

9. O que são os chamados "preços administrados"?

São os preços que são insensíveis às condições de oferta e demanda porque são determinados por contratos preestabelecidos ou por um órgão do setor público. Esse conjunto de itens inclui serviços públicos, bens produzidos por empresas públicas e impostos e tarifas pagas às três esferas de governo.

Os preços administrados que são regulados em nível federal incluem os preços dos serviços telefônicos, produtos derivados de petróleo (gasolina e gás de cozinha, por exemplo), eletricidade e planos de saúde.

Os preços controlados por governos estaduais e locais incluem a taxa de água e esgoto, o IPVA, o IPTU e as tarifas de transporte público, como ônibus municipais e serviços ferroviários.

10. O que é uma taxa de câmbio?

É o preço da operação de troca de moeda de um país pela moeda de outro país. Por exemplo, quando uma empresa brasileira exporta uma mercadoria, essa empresa recebe como pagamento um valor em moeda estrangeira, em geral, dólares norte-americanos. Como essa empresa não pode utilizar esses dólares no Brasil, ela é obrigada a vendê-los a um agente autorizado pelo Banco Central a operar no mercado de câmbio, o qual recebe da empresa a moeda estrangeira e lhe entrega a moeda nacional. O inverso é verdadeiro para o caso de uma empresa que importa uma mercadoria tendo que comprar moeda estrangeira, entregando moeda nacional ao agente autorizado pelo Banco Central.

11. Quais as principais taxas de câmbio existentes no Brasil?

Podemos citar o Dólar Comercial e o Dólar Turismo. O primeiro refere-se à taxa de câmbio de R$ por US$ utilizada em operação de compra e venda de mercadorias e serviços e operações financeiras. Já o segundo refere-se à taxa de câmbio de R$ por US$ utilizada, em geral, para as pessoas que viajam ao exterior. Quando o turista vai comprar dólares no banco, deve verificar que a cotação é diferente para a compra de dólar em papel-moeda da compra de *traveller's check*, embora ambos sejam chamados de dólar turismo.

12. Existe alguma taxa de câmbio fixada pelo Banco Central?

Não. As taxas de câmbio são livremente pactuadas entre as partes contratantes. O Banco Central divulga a taxa média praticada no mercado interbancário, conhecida no mercado por "taxa PTAX".

13. O que é Taxa de Juros?

É o preço do dinheiro. Isso mesmo; pode parecer estranho que o dinheiro tenha um preço, mas este sim, é o preço mais importante de todos. Esse "preço" nada mais é do que a remuneração pelo uso do capital de terceiros. Se você precisar de dinheiro emprestado, pagará juros por ele. Se emprestar dinheiro (aplicar) a alguém, receberá juros.

14. Quais as modalidades de taxas de juros praticadas no mercado financeiro no Brasil?

- [ ] Taxa Selic: É a taxa média das operações compromissadas com lastro em títulos públicos, cujo prazo é de um dia útil.
- [ ] CDI: É a taxa média das operações interbancárias, isto é, das operações com títulos emitidos por bancos para a captação e aplicação de recursos entre uma instituição e outra; coexistem o CDI intragrupo e extragrupo.
- [ ] TR: Taxa calculada com base na taxa média mensal ponderada ajustada de 30 instituições financeiras selecionadas, sendo eliminadas as duas de menor taxa média e as duas de maior taxa média. Do valor obtido, é aplicado um redutor definido pelo CMN. A TR define o rendimento das Cadernetas de Poupança e do SFH (Sistema Financeiro de Habitação).
- [ ] TJLP (Taxa de Juros de Longo Prazo): É determinada pelo CMN a cada três meses. Seu cálculo é feito a partir da média ponderada de títulos da dívida externa federal, com peso de 75% no máximo, e títulos da dívida pública mobiliária interna federal, com peso de 25% no máximo.

15. Qual a diferença entre taxas de CDI Intragrupo e Extragrupo?

Basicamente, as taxas de CDI intragrupo são taxas com base em operações entre empresas do mesmo grupo; já o tipo extragrupo é resultado das operações entre intituições fora do mesmo grupo controlador. O CDI utilizado em mercado é o extragrupo.

POLÍTICAS ECONÔMICAS

16. Qual a definição de Política Monetária?

É a política governamental executada por meio da autoridade monetária sobre a quantidade de moeda em circulação, sobre os instrumentos de crédito e sobre as taxas de juros com o intuito de controlar a liquidez do sistema econômico.

O principal objetivo da Política Monetária é defender o poder de compra da moeda.

17. Quais são os chamados instrumentos de Política Monetária?

São cinco, a saber:
1. Emissão de papel-moeda
2. Depósito compulsório
3. Compra e venda de títulos da dívida pública
4. Redescontos
5. Regulamentação sobre crédito e taxas de juros

18. Como a emissão de papel-moeda influencia a Política Monetária?

Em geral, diz-se que a Política Monetária pode ser restritiva ou expansionista. No primeiro caso, a quantidade de dinheiro em circulação é diminuída, ou mantida estável, ou a taxa de juros é elevada com o objetivo de desaquecer a economia e evitar inflação. Já no segundo caso, a quantidade de dinheiro em circulação é aumentada ou a taxa de juros é diminuída com o objetivo de aquecer a demanda e incentivar o crescimento econômico.

19. O que são e como os depósitos compulsórios influenciam a Política Monetária?

Depósitos Compulsórios são a parte dos depósitos efetuados pelos clientes não bancários nos bancos comerciais e que deve ser recolhida ao Banco Central, compulsoriamente. Esse instrumento tem o objetivo de diminuir o poder que os bancos comerciais possuem de multiplicar o dinheiro em circulação, por meio dos empréstimos, possibilitando ao Banco Central manter o controle da quantidade de dinheiro em circulação.

20. Como a compra e venda de títulos públicos influencia a Política Monetária?

Com a compra e a venda de títulos públicos, o Banco Central afeta diretamente a quantidade de dinheiro em circulação. Ao comprar títulos do público, o Banco Central promove política monetária expansionista, pois entrega dinheiro em troca dos títulos. Ao contrário, para enxugar a liquidez do sistema, o Banco Central pode vender títulos de sua carteira própria, entregando papéis e recebendo dinheiro, que é retirado de circulação.

21. O que é Redesconto e como ele influencia a Política Monetária?

Redesconto é cobertura de déficits nos caixas dos bancos. Em geral, quando um banco chega ao fim de um dia com um "buraco" em seu caixa, ele pode se financiar com outros bancos no mercado interbancário ou com o Banco Central, pagando a este último a Taxa de Redesconto. Essa taxa ajuda a aumentar ou diminuir o apetite dos bancos na concessão de créditos e, por conseqüência, a quantidade de dinheiro em circulação.

22. Como a regulamentação sobre crédito e juros influencia a Política Monetária?

Por definição, a taxa de juros é o custo do dinheiro. Assim, as taxas de juros possuem efeito direto sobre a poupança e, por conseqüência, sobre os investimentos, influenciando o custo do capital das empresas. No Brasil, o Banco Central adota um Sistema de Metas de Inflação que utiliza a taxa Selic como principal instrumento de política monetária.

Já os incentivos e as restrições ao crédito são direcionados a setores específicos da economia em geral, como conseqüência de políticas econômicas determinadas pelo Ministério da Fazenda.

23. O que é o chamado COPOM do Banco Central do Brasil?

O COPOM (Comitê de Política Monetária) foi criado em 20 de junho de 1996, com o objetivo de estabelecer as diretrizes da política monetária e de definir a taxa de juros. O objetivo de sua criação é o de dar transparência e ritual adequado ao processo decisório sobre metas de taxas de juros, em especial da taxa Selic.

Formalmente, os objetivos do COPOM são "implementar a política monetária, definir a meta da taxa Selic e seu eventual viés, e analisar o 'Relatório de Inflação'". A taxa de juros fixada na reunião do COPOM é a meta para a taxa Selic, a qual vigora por todo o período entre reuniões ordinárias do Comitê. Se for o caso, o COPOM também pode definir o viés, que é a prerrogativa dada ao presidente do Banco Central para alterar, na direção do viés, a meta para a taxa Selic a qualquer momento entre as reuniões ordinárias.

24. O que é o chamado Sistema de Metas de Inflação adotado pelo Banco Central do Brasil?

Esse Sistema é a diretriz de política monetária no Brasil. Com sua adoção, as decisões do COPOM têm como objetivo cumprir as metas para a inflação definidas pelo Conselho Monetário Nacional. Caso as metas não sejam atingidas, cabe ao presidente do Banco Central divulgar, em Carta Aberta ao Ministro da Fazenda, os motivos do descumprimento, bem como as providências e prazo para o retorno da taxa de inflação aos limites estabelecidos.

25. O que é Política Cambial?

É o conjunto de ações do Governo que influem no comportamento do mercado de câmbio e da taxa de câmbio.

26. Qual é o papel do Banco Central na Política Cambial no Brasil?

O Banco Central é o executor a política cambial definida pelo Conselho Monetário Nacional. Para tanto, regulamenta, fiscaliza e atua no mercado de câmbio, comprando e vendendo moeda estrangeira de forma ocasional e limitada, com o objetivo de conter movimentos desordenados da taxa de câmbio.

27. Qual a diferença entre Balanço de Pagamentos e Balança Comercial?

Formalmente, o Balanço de Pagamentos é o registro contábil de todas as transações de um país com o resto do mundo, enquanto a Balança Comercial é a conta, do Balanço de Pagamentos, em que são registrados os valores financeiros das importações e exportações entre um país e o resto do mundo. Mais detalhadamente, podemos dizer que o Balanço de Pagamentos é composto da seguinte forma:

1. Conta-Corrente: registra as entradas e saídas devidas ao comércio de bens e serviços, bem como pagamentos de transferência:
   a. Balança Comercial
   b. Conta de Serviços
   c. Transferências Unilaterais
2. Conta Capital: registra as transações de fundos, empréstimos e transferências.

28. O que é Política Fiscal?

Política Fiscal é a política executada pelo governo no que tange às suas receitas e despesas como um todo.

A arrecadação do governo tem influência indireta na Demanda Agregada da Economia, pois ela influi na renda disponível das famílias e das empresas para consumo e poupança. Quanto maior a arrecadação do governo com tributos, menor é a renda disponível. Os gastos do governo têm influência direta na Demanda Agregada da Economia. Quanto maior o gasto do governo, maior o consumo da Economia como um todo.

29. Qual a diferença entre os chamados superávit/déficit primário e nominal?

Superávit primário, no caso o consolidado, é o quanto os governos federal, estaduais e municipais em conjunto com as empresas estatais conseguem economizar, desconsiderando os gastos com os juros da dívida. Quando as despesas ultrapassam as receitas, temos um déficit primário em vez de um superávit. Tudo o mais constante, quando um país obtém superávit primário, a relação dívida/PIB cai. Já o superávit nominal é obtido quando, do superávit primário, subtraímos as despesas com os juros da dívida e ainda assim conseguimos uma economia. Caso as despesas sejam superiores às receitas, temos um déficit nominal.

30. E essa tal de relação dívida/PIB, em que consiste?

Em geral, essa relação leva o crédito de principal indicador de solvência econômica de um país, ou seja, é um indicador da capacidade que o país tem de honrar seus compromissos com seus credores.

CAPÍTULO 2

Sistema Financeiro no Brasil

No mercado financeiro, em momentos de crise, há quem chore e há quem venda lenços.

ANÔNIMO

Motivação

Quando você muda de emprego, qual a primeira coisa que você faz? Bom, eu sei o que faço. Procuro saber quem é quem, quem faz o quê, ou seja, tento descobrir quem manda em quem e qual a função de cada um na empresa. Como em uma empresa, no mercado financeiro cada instituição tem uma função e, por isso, a necessidade de um capítulo que explicasse esses detalhes.

O mercado financeiro no Brasil tem diferentes ramificações e participantes. Utilize este capítulo para ter uma noção da estrutura geral do mercado financeiro no Brasil, primeiramente, e depois uma visão mais detalhada de determinados tipos de participantes e associações de classe.

Por fim, cabe ressaltar que informações adicionais e detalhes podem ser obtidos nos websistes das instituições aqui mencionadas, quando aplicável.

ESTRUTURA GERAL DO MERCADO FINANCEIRO NO BRASIL

31. Como é estruturado o sistema financeiro no Brasil?

Basicamente, existem três tipos de instituições no sistema financeiro no Brasil, a saber:
1. Órgãos Normativos
2. Entidades Supervisoras
3. Instituições Operadoras

32. Quais são os chamados Órgãos Normativos?

São três os órgãos normativos no Brasil:
a. Conselho Monetário Nacional (CMN)
b. Conselho Nacional de Seguros Privados (CNSP)
c. Conselho de Gestão da Previdência Complementar (CGPC)

33. Quais são as Entidades Supervisoras?

São cinco as entidades supervisoras, sendo duas ligadas ao CMN, duas ligadas ao CNSP e uma ligada ao CGPC:

1. Banco Central do Brasil (BC/BACEN), ligado ao CMN
2. Comissão de Valores Mobiliários (CVM), ligada ao CMN
3. Superintendência de Seguros Privados (SUSEP), ligada ao CNSP
4. Instituto de Resseguros do Brasil (IRB), ligado ao CNSP
5. Secretaria de Previdência Complementar (SPC), ligada ao CGPC

34. Quais as chamadas Instituições Operadoras?

São 25 os tipos de instituições operadoras que existem no sistema financeiro no Brasil, sendo 21 ligadas ao CMN, 3 ligadas ao CNSP e 1 ligada ao CGPC, a saber:

a) Operadoras ligadas ao CMN
   i. Bancos Múltiplos
   ii. Bancos Comerciais
   iii. Caixa Econômica Federal
   iv. Cooperativas de Crédito
   v. Agências de Fomento
   vi. Associações de Poupança e Empréstimo
   vii. Bancos de Desenvolvimento
   viii. Bancos de Investimento
   ix. Banco Nacional de Desenvolvimento Econômico e Social (BNDES)
   x. Companhias Hipotecárias
   xi. Cooperativas Centrais de Crédito
   xii. Sociedades de Crédito, Financiamento e Investimento
   xiii. Sociedades de Crédito Imobiliário
   xiv. Sociedades de Crédito ao Microempreendedor
   xv. Administradoras de Consórcio
   xvi. Sociedades de arrendamento mercantil
   xvii. Sociedades corretoras de câmbio

xviii. Sociedades corretoras de títulos e valores mobiliários
xix. Sociedades distribuidoras de títulos e valores mobiliários
xx. Bolsas de valores
xxi. Bolsas de mercadorias e futuros
b) Operadoras ligadas ao CNSP
   i. Sociedades seguradoras
   ii. Sociedades de capitalização
   iii. Entidades abertas de previdência complementar
c) Operadoras ligadas ao CGPC
   i. Entidades fechadas de previdência complementar (fundos de pensão)

35. O que é o Conselho Monetário Nacional?

O Conselho Monetário Nacional (CMN) foi instituído na Lei nº 4.595, de 31 de dezembro de 1964. É o órgão responsável por expedir diretrizes de funcionamento do Mercado Financeiro no Brasil. Os integrantes do CMN são:
- Ministro da Fazenda (Presidente)
- Ministro do Planejamento, Orçamento e Gestão
- Presidente do Banco Central do Brasil.

36. O que é o Conselho Nacional de Seguros Privados?

O Conselho Nacional de Seguros Privados (CNSP) é o órgão responsável pelas diretrizes e normas da política de seguros privados. Seus integrantes são:
- Ministro da Fazenda (Presidente)
- Um representante do Ministério da Justiça
- Um representante do Ministério da Previdência Social
- Superintendente da Superintendência de Seguros Privados
- Um representante do Banco Central do Brasil
- Um representante da Comissão de Valores Mobiliários.

37. O que é o Conselho de Gestão da Previdência Complementar?

O Conselho de Gestão de Previdência Complementar (CGPC) é um órgão integrante do Ministério da Previdência Social e cuja competência é regular, normatizar e coordenar as atividades das **Entidades Fechadas de Previdência Complementar (fundos de pensão)**.

38. O que é o Banco Central do Brasil?

Legalmente, o Banco Central do Brasil é uma autarquia do Ministério da Fazenda, instituída na Lei nº 4.595, de 31 de dezembro de 1964. É o principal executor das orientações do Conselho Monetário Nacional e responsável por garantir o poder de compra da moeda nacional. Seus principais objetivos são:

- ☐ Zelar pela adequada liquidez da economia.
- ☐ Manter as reservas internacionais em nível adequado.
- ☐ Estimular a formação de poupança.
- ☐ Zelar pela estabilidade e promover o permanente aperfeiçoamento do sistema financeiro.

Já suas principais atribuições são:

- ☐ Emissão de papel-moeda e moeda metálica.
- ☐ Recebimento de recolhimentos compulsórios e voluntários das instituições financeiras e bancárias.
- ☐ Realização de operações de redesconto e empréstimo às instituições financeiras.
- ☐ Operações de compra e venda de títulos públicos federais.
- ☐ Controle de crédito.

39. O que é a Comissão de Valores Mobiliários?

A Comissão de Valores Mobiliários (CVM) é uma autarquia do Ministério da Fazenda, instituída pela Lei nº 6.385, de 7 de dezembro de 1976. É responsável por regulamentar, desenvolver, controlar e fiscalizar o mercado de valores mobiliários do país.

40. O que é a Superintendência de Seguros Privados?

A Superintendência de Seguros Privados (SUSEP) é uma autarquia do Ministério da Fazenda. É o órgão responsável pelo controle e pela fiscalização do mercado de seguros, previdência privada aberta e capitalização e executor das políticas traçadas pelo CNSP.

41. O que é o Instituto de Resseguros do Brasil?

Legalmente, o Instituto de Resseguros do Brasil (IRB) é uma sociedade de economia mista com controle acionário da União, jurisdicionada ao Ministério da Fazenda, com o objetivo de regular o **co-seguro**, o **resseguro** e a **retrocessão** no país.

42. O que é a Secretaria de Previdência Complementar?

A Secretaria de Previdência Complementar (SPC) é um órgão do Ministério da Previdência Social, responsável por fiscalizar as atividades das Entidades Fechadas de Previdência Complementar (fundos de pensão). A SPC se relaciona com os órgãos normativos do sistema financeiro na observação das exigências legais de aplicação das reservas técnicas, fundos especiais e provisões que as entidades sob sua jurisdição são obrigadas a constituir e que têm diretrizes estabelecidas pelo Conselho Monetário Nacional.

43. O que é um Banco Múltiplo?

Um banco múltiplo é uma instituição financeira privada ou pública que possui carteiras de banco comercial, de investimento e/ou de desenvolvimento, de crédito imobiliário, de arrendamento mercantil e de crédito, financiamento e investimento. O banco múltiplo deve ser constituído com, no mínimo, duas carteiras, sendo uma delas, obrigatoriamente, comercial ou de investimento, e ser organizado sob a forma de sociedade anônima. Cabe ressaltar que uma carteira de desenvolvimento somente pode ser operada por banco público.

44. O que é um Banco Comercial?

Um banco comercial é uma instituição financeira privada ou pública que tem como objetivo principal proporcionar suprimento de recursos necessários para financiar, a curto e a médio prazos, o comércio, a indústria, as empresas prestadoras de serviços, as pessoas físicas e terceiros em geral. A captação de depósitos à vista, livremente movimentáveis, é atividade típica do banco comercial, o qual pode também captar depósitos a prazo. Deve ser constituído sob a forma de sociedade anônima.

45. O que é a Caixa Econômica Federal?

A Caixa Econômica Federal foi criada em 1861. Legalmente, a CEF é uma empresa pública vinculada ao Ministério da Fazenda. Podemos dizer que é um banco comercial que prioriza a concessão de empréstimos e financiamentos a programas e projetos nas áreas de assistência social, saúde, educação, trabalho, transportes urbanos e esporte. Pode operar com crédito direto ao consumidor, financiando bens de consumo duráveis, emprestar sob garantia de penhor industrial e caução de títulos, bem como tem o monopólio do empréstimo sob penhor de bens pessoais e sob consignação e o da venda de bilhetes de loteria federal. Além de centralizar o recolhimento e posterior aplicação de todos os recursos oriundos do Fundo de Garantia do Tempo de Serviço (FGTS), integra o Sistema Brasileiro de Poupança e Empréstimo (SBPE) e o Sistema Financeiro da Habitação (SFH).

46. O que é uma Cooperativa de Crédito?

Uma cooperativa de crédito é uma associação que pode congregar funcionários de uma mesma empresa ou grupo de empresas, profissionais de determinado segmento, empresários ou mesmo adotar a livre admissão de associados em área determinada de atuação, sob certas condições. Devem possuir o número mínimo de vinte cooperados e adequar sua área de ação às possibilidades de reunião, controle, operações e prestações de serviços. Estão autorizadas a realizar operações de captação por meio de depósitos à vista e a prazo somente de associados, de empréstimos, repasses e refinanciamentos de outras entidades financeiras, e de doações. Podem conceder crédito, somente a associados, por meio de desconto de títulos, empréstimos, financiamentos, e realizar aplicação de recursos no mercado financeiro.

47. O que é uma Agência de Fomento?

Uma agência de fomento é, legalmente, uma sociedade anônima de capital fechado sob o controle de Unidade da Federação, sendo que cada Unidade só pode constituir uma agência. Seu objetivo é a concessão de financiamento de capital fixo e de giro associado a projetos na Unidade da Federação onde tenham sede.

48. O que é uma Associação de Poupança e Empréstimo?

Uma associação de poupança e empréstimo é uma sociedade civil, sendo de propriedade comum de seus associados. Suas operações ativas são, basicamente, direcionadas ao mercado imobiliário e ao Sistema Financeiro da Habitação (SFH). As operações passivas são constituídas de emissão de letras e cédulas hipotecárias, depósitos de cadernetas de poupança, depósitos interfinanceiros e empréstimos externos.

49. O que é um Banco de Desenvolvimento?

Um banco de desenvolvimento é uma instituição financeira controlada por governos estaduais com o objetivo de proporcionar o suprimento oportuno e adequado dos recursos necessários ao financiamento, a médio e a longo prazos, de programas e projetos que visem a promover o desenvolvimento econômico e social do respectivo estado. As operações passivas são depósitos a prazo, empréstimos externos, emissão ou endosso de cédulas hipotecárias, emissão de cédulas pignoratícias de debêntures e de Títulos de Desenvolvimento Econômico. Devem ser constituídos sob a forma de sociedade anônima, com sede na capital do estado que detiver seu controle acionário.

50. O que é um Banco de Investimento?

Um banco de investimento é uma instituição financeira privada especializada em operações de participação societária de caráter temporário, de financiamento da atividade produtiva para suprimento de capital fixo e de giro e de administração de recursos de terceiros. Deve ser constituído sob a forma de sociedade anônima. Não possui contas-correntes e capta recursos via depósitos a prazo, repasses de recursos externos, internos e venda de cotas de fundos de investimento por eles administrados.

51. O que é o Banco Nacional de Desenvolvimento Econômico e Social?

O Banco Nacional de Desenvolvimento Econômico e Social (BNDES) foi criado em 1952 como autarquia federal e foi enquadrado como empresa pública federal, com personalidade jurídica de direito privado e patrimônio próprio, pela Lei nº 5.662, de 21 de junho de 1971. É um órgão vinculado ao Ministério do Desenvolvimento, Indústria e Comércio Exterior e tem como objetivo apoiar empreendimentos que contribuam para o desenvolvimento do país.

52. O que é uma Companhia Hipotecária?

Uma companhia hipotecária é uma instituição financeira constituída sob a forma de sociedade anônima com o objetivo de conceder financiamentos destinados à produção, reforma ou comercialização de imóveis residenciais ou comerciais aos quais não se aplicam as normas do Sistema Financeiro da Habitação (SFH). Suas principais operações passivas são: letras hipotecárias, debêntures, empréstimos e financiamentos no País e no exterior. Suas principais operações ativas são: financiamentos imobiliários residenciais ou comerciais, aquisição de créditos hipotecários, refinanciamentos de créditos hipotecários e repasses de recursos para financiamentos imobiliários.

53. O que é uma Cooperativa Central de Crédito?

Uma cooperativa central de crédito é constituída por cooperativas singulares e existe com o intuito de exercer sobre elas a supervisão de seu funcionamento, a capacitação de seus administradores, gerentes e associados e a auditoria de suas demonstrações.

54. O que é uma Sociedade de Crédito, Financiamento e Investimento?

Uma sociedade de crédito, financiamento e investimento é uma instituição financeira privada com o objetivo básico de dar crédito ao consumidor. Legalmente, é uma sociedade anônima que pode captar recursos por meio de aceite e colocação de Letras de Câmbio. Possui o nome popular de "financeira".

55. O que é uma Sociedade de Crédito Imobiliário?

Uma sociedade de crédito imobiliário é uma instituição financeira criada pela Lei nº 4.380, de 21 de agosto de 1964, para atuar no financiamento habitacional. Capta recursos via depósitos de poupança, emissão de letras e cédulas hipotecárias e depósitos interfinanceiros. Seus recursos são aplicados no financiamento para construção de habitações, abertura de crédito para compra ou construção de casa própria, financiamento de capital de giro a empresas incorporadoras, produtoras e distribuidoras de material de construção. Como era de se esperar, também deve ser constituída sob a forma de sociedade anônima.

56. O que é uma Sociedade de Crédito ao Microempreendedor?

Uma sociedade de crédito ao microempreendedor é uma entidade que tem por objeto social exclusivo a concessão de financiamentos e a prestação de garantias a pessoas físicas, bem como a pessoas jurídicas classificadas como microempresas, com vistas a viabilizar empreendimentos de naturezas profissional, comercial ou industrial de pequeno porte. É impedida de captar, sob qualquer forma, recursos junto ao público, bem como emitir títulos e valores mobiliários destinados à colocação e oferta públicas. Deve ser constituída sob a forma de companhia fechada ou de sociedade por quotas de responsabilidade limitada.

57. O que é uma Administradora de Consórcio?

Uma administradora de consórcio é uma pessoa jurídica prestadora de serviços relativos à formação, organização e administração de grupos de consórcio.

58. O que é uma Sociedade de Arrendamento Mercantil?

Uma sociedade de arrendamento mercantil é uma **sociedade anônima**. Pode, para captar recursos, emitir debêntures, dívida externa, tomar empréstimos e financiamentos de instituições financeiras. Do lado ativo, pode aplicar em títulos da dívida pública, cessão de direitos creditórios, operações de arrendamento mercantil (*leasing*) de bens móveis, de produção nacional ou estrangeira, e bens imóveis adquiridos pela entidade arrendadora para fins de uso próprio do arrendatário.

59. O que é uma Sociedade Corretora de Câmbio?

Uma sociedade corretora de câmbio tem como objeto social exclusivo a intermediação em operações de câmbio e a prática de operações no mercado de câmbio de taxas flutuantes. É supervisionada pelo Banco Central. Pode ser constituída como sociedade anônima ou sociedade por quotas de responsabilidade limitada.

60. O que é uma Sociedade Corretora de Títulos e Valores Mobiliários?

Uma sociedade corretora de títulos e valores mobiliários (CTVM ou CCTVM, no caso de englobar câmbio) é uma instituição financeira constituída com os objetivos de operar em bolsas de valores, subscrever emissões de títulos e valores mobiliários no mercado, comprar e vender títulos e valores mobiliários por conta própria e de terceiros, encarregar-se da administração de carteiras e da custódia de títulos e valores mobiliários, exercer funções de agente fiduciário, instituir, organizar e administrar fundos e clubes de investimento, emitir certificados de depósito de ações e cédulas pignoratícias de debêntures, intermediar operações de câmbio, praticar operações no mercado de câmbio de taxas flutuantes, praticar operações de conta margem, realizar operações compromissadas e operar em bolsas de mercadorias e de futuros por conta própria e de terceiros. Pode ser constituída como sociedade anônima ou sociedade por quotas de responsabilidade limitada.

61. O que é uma Sociedade Distribuidora de Títulos e Valores Mobiliários?

Uma sociedade distribuidora de títulos e valores mobiliários (DTVM) é uma instituição constituída com os objetivos de intermediar a oferta pública e a distribuição de títulos e valores mobiliários no mercado, administrar e custodiar as carteiras de títulos e valores mobiliários, instituir, organizar e administrar fundos e clubes de investimento, operar no mercado acionário, comprando, vendendo e distribuindo títulos e valores mobiliários, inclusive ouro financeiro, por conta de terceiros, fazer a intermediação com as bolsas de valores e de mercadorias; efetuar lançamentos públicos de ações, operar no mercado aberto e intermediar operações de câmbio. Pode ser constituída como sociedade anônima ou sociedade por quotas de responsabilidade limitada.

62. O que é uma Bolsa de Valores?

As bolsas de valores são associações privadas civis, sem finalidade lucrativa, com o objetivo de manter local adequado ao encontro de seus membros e à realização, entre eles, de transações de compra e venda de títulos e valores mobiliários pertencentes a pessoas jurídicas públicas e privadas, em mercado livre e aberto, especialmente organizado e fiscalizado por seus membros e pela Comissão de Valores Mobiliários. Possuem autonomia financeira, patrimonial e administrativa (Resolução CMN 2.690, de 2000).

63. O que é uma Bolsa de Mercadorias e Futuros?

Uma bolsa de mercadorias e futuros é uma associação privada civil, sem finalidade lucrativa, que tem como objetivo efetuar o registro, a compensação e a liquidação, física e financeira, das operações realizadas em pregão ou em sistema eletrônico de mercados futuros. Possui autonomia financeira, patrimonial e administrativa e é fiscalizada pela Comissão de Valores Mobiliários.

64. O que é uma Sociedade Seguradora?

Uma sociedade seguradora é uma entidade, constituída sob a forma de sociedade anônima, especializada em pactuar contrato, por meio do qual assumem a obrigação de pagar ao contratante (segurado), ou a quem este designar, uma indenização, no caso em que advenha o risco indicado e temido, recebendo, para isso, o prêmio estabelecido.

65. O que é uma Sociedade de Capitalização?

Uma sociedade de capitalização é uma entidade, constituída sob a forma de sociedade anônima, que negocia contratos (títulos de capitalização) que têm por objeto o depósito periódico de prestações pecuniárias pelo contratante, o qual terá, depois de cumprido o prazo contratado, o direito de resgatar parte dos valores depositados corrigidos por uma taxa de juros estabelecida contratualmente; conferindo, ainda, quando previsto, o direito de concorrer a sorteios de prêmios em dinheiro.

66. O que é uma Entidade Aberta de Previdência Complementar?

Uma entidade aberta de previdência complementar é uma sociedade anônima que tem por objetivo instituir e operar planos de benefícios de caráter previdenciário, concedidos em forma de renda continuada ou pagamento único, acessíveis a quaisquer pessoas físicas.

67. O que é uma Entidade Fechada de Previdência Complementar?

Uma entidade fechada de previdência complementar (fundo de pensão) é uma sociedade civil, sem fins lucrativos, e é acessível, exclusivamente, aos empregados de uma empresa ou grupo de empresas ou aos servidores da União, dos Estados, do Distrito Federal e dos Municípios, entes denominados patrocinadores ou aos associados ou membros de pessoas jurídicas de caráter profissional, classista ou setorial, denominadas instituidores.

INVESTIDORES ESTRANGEIROS, INVESTIDORES QUALIFICADOS E ASSOCIAÇÕES DE CLASSE

68. Quem é considerado Investidor Estrangeiro no Brasil?

É qualquer investidor, pessoa física ou jurídica, institucional ou não, que possua recursos em outro país e que queira investir no Brasil, seja via investimento direto ou especulativo.

69. No caso de investimento especulativo, em que tipos de produtos um investidor estrangeiro pode investidor no Brasil?

Segundo a CVM, os investidores estrangeiros (institucionais e individuais) podem investir nos mesmos produtos disponíveis para os investidores residentes no Brasil. Acontece que, para investir no Brasil, o investidor estrangeiro deve contratar instituições para atuar como:

1. Representante Legal: responsável por apresentar todas as informações de registro para as autoridades no Brasil.
2. Representante Fiscal: responsável pelos assuntos tributáveis e fiscais em nome do investidor, perante as autoridades brasileiras.
3. Custodiante: responsável por manter atualizados os documentos e controlar todos os ativos do investidor estrangeiro em contas segregadas e fornecer a qualquer momento informações solicitadas pelas autoridades ou pelo investidor.

70. O que é o conceito de Investidor Qualificado no Brasil?

Segundo a CVM, o conceito de Investidor Qualificado abrange instituições financeiras, companhias seguradoras e sociedades de capitalização, entidades abertas e fechadas de previdência complementar, pessoas físicas ou jurídicas que possuam investimentos financeiros em valor superior a R$300.000,00 (trezentos mil reais) e que atestem por escrito sua condição de investidor qualificado, fundos de investimento destinados exclusivamente a investidores qualificados, administradores de carteira e consultores de valores mobiliários autorizados pela CVM, além dos regimes próprios de previdência social instituídos pela União, pelos Estados, pelo Distrito Federal ou por Municípios.

71. O que é a ANBID (www.anbid.com.br)?

A ANBID é a Associação Nacional dos Bancos de Investimento e tem dentre seus principais objetivos o fortalecimento do mercado de capitais como instrumento de financiamento do desenvolvimento, aperfeiçoamento dos arcabouços legal, regulatório e tributário do mercado de capitais, aprimoramento da infra-estrutura de serviços e a racionalização das práticas operacionais do mercado de capitais e a ampliação do conhecimento dos investidores e agentes relevantes do mercado sobre os produtos de investimento disponíveis no mercado de capitais.

Cabe ressaltar ainda que a ANBID é a responsável pelas certificações profissionais CPA-10 e CPA-20.

72. O que são as certificações CPA-10 e CPA-20?

De acordo com a ANBID, a chamada *Certificação Profissional ANBID – Série 10 (CPA-10)* é destinada aos profissionais alocados em agências bancárias que têm contato direto – presencial ou a distância – com clientes na comercialização de produtos de investimento, e aos profissionais das cooperativas de crédito, enquanto a chamada *Certificação Profissional ANBID – Série 20 (CPA-20)* é destinada aos profissionais que tenham contato – presencial ou a distância – com os chamados *Investidores Qualificados* na comercialização de produtos de investimento.

73. O que é a ANCOR (www.ancor.com.br)?

A ANCOR é a Associação Nacional das Corretoras de Valores, Câmbio e Mercadorias e a responsável pelo exame de certificação para agente autônomo de investimento.

74. O que é um Agente Autônomo de Investimento?

Legalmente, um agente autônomo de investimentos é a pessoa física registrada na CVM para exercer, sob a responsabilidade e como preposto de instituição integrante do sistema de distribuição de valores mobiliários, a atividade de distribuição e mediação de valores mobiliários. Cabe ressaltar que os agentes autônomos de investimento podem constituir pessoa jurídica para o exercício de suas atividades.

75. O que é a ANDIMA (www.andima.com.br)?

A ANDIMA é a Associação Nacional das Instituições do Mercado Financeiro e que legalmente é uma entidade civil sem fins lucrativos que reúne bancos comerciais, múltiplos e de investimento, CCVMs, DTVMs e administradores de recursos.

76. O que é a APIMEC (www.apimec.com.br)?

A APIMEC (Associação dos Analistas e Profissionais de Investimento do Mercado de Capitais) é também a entidade responsável pelas certificações CNPI e CIIA.

77. Que tipo de profissional pode ser considerado um profissional de investimentos?

Segundo a APIMEC, os profissionais típicos de investimento são pessoas formadas em administração de empresas, economia, ciências contábeis, engenharia ou direito, que trabalham em instituições financeiras, empresas de gestão de recursos – independentes ou não –, seguradoras, fundos de pensão e empresas de consultoria.

Em regra geral, são analistas de valores mobiliários, administradores de carteira registrados na CVM, analistas de *project finance*, gerentes de *corporate finance*, gerentes de distribuição de renda fixa e variável e profissionais de direção das instituições para as quais trabalham.

78. O que são as certificações CNPI e CIIA?

O CIIA é um certificado internacional que comprova a qualificação técnica de profissionais que atuam nos mercados financeiro e de capitais globais, enquanto o CNPI é o certificado brasileiro que visa comprovar a qualificação técnica de profissionais que atuam nos mercados financeiro e de capitais no Brasil. Cabe ressaltar que o CNPI é parte integrante da certificação internacional. Para cada país há um exame nacional que compõe o programa de certificação para o CIIA.

79. O que é a ABRASCA (www.abrasca..com.br)?

A ABRASCA é a Associação Brasileira de Companhias Abertas. Ela tem como principal objetivo a defesa dos interesses das companhias abertas. Legalmente é uma associação civil sem fins lucrativos criada em 21 de dezembro de 1971.

80. O que é a ABRAPP (www.abrapp.org.br)?

A ABRAPP é a Associação Brasileira das Entidades Fechadas de Previdência Complementar. Legalmente é uma pessoa jurídica de direito privado, constituída e organizada sob a forma de associação sem fins lucrativos e que tem por objetivos reunir, exclusivamente, as entidades fechadas de previdência complementar, promover a defesa dos interesses das Associadas, atuando, para esse fim, junto a quaisquer órgãos dos poderes constituídos e entidades dos setores público e privado.

81. O que é a ABVCAP (www.abvcap.com.br)?

A ABVCAP é a Associação Brasileira de Venture Capital & Private Equity. É uma associação formada por gestores de fundos de *private equity* e/ou *venture capital*, e dentre seus principais objetivos está o desenvolvimento, o estímulo e a propagação de investimentos de longo prazo no setor real da economia brasileira, a partir de veículos de investimento e capitalização de empresas e projetos empresariais e de infra-estrutura.

82. O que é a FEBRABAN (www.febraban.org.br)?

A FEBRABAN é a Federação Brasileira de Bancos que tem entre seus principais objetivos desenvolver e manter canais de comunicação com Executivo, Legislativo, Judiciário, Associações de Classe, Sindicatos e demais entidades e organismos nacionais e internacionais, realizar e divulgar estudos e pesquisas visando ao aperfeiçoamento do sistema financeiro e desenvolver programas de formação e qualificação para os funcionários dos associados.

83. O que é o IBRI (www.ibri.com.br)?

O IBRI é o Instituto de Relações com Investidores. É uma associação de direito privado, sem fins lucrativos, fundada em 5 de junho de 1997 e que objetiva a congregação dos profissionais ligados à área de Relações com Investidores. Dentre os principais objetivos do IBRI estão o desenvolvimento profissional do executivo de RI, além do desenvolvimento e a difusão dos conhecimentos técnicos e experiências pertinentes à área de relações com os investidores entre profissionais e empresas, instituições e o público em geral.

84. O que é o INI (www.ini.org.br)?

O INI é o Instituto Nacional de Investidores. É uma instituição sem fins lucrativos que possui como principal objetivo proporcionar educação e orientação sobre como investir no mercado de ações, difundindo e enfatizando a formação de clubes de investimento.

85. O que é o IBGC (www.ibgc.org.br)?

O IBGC é o Instituto Brasileiro de Governança Corporativa que foi criado com o objetivo principal de contribuir para otimizar o conceito de governança corporativa no Brasil.

CAPÍTULO 3

Investimentos em Renda Fixa

O investimento em conhecimento sempre rende a melhor taxa de juros.

BENJAMIN FRANKLIN

Motivação

Costumo perguntar a meus alunos: "Qual é o preço mais importante do mundo?" Nunca me deram a resposta correta. Como este é um livro de perguntas e respostas, apresento a resposta a essa pergunta: "É o preço do dinheiro, ou seja, a taxa de juros."

Sempre existem juros, em TUDO, a TODO MOMENTO, em QUALQUER LUGAR.

Assim, a motivação deste capítulo é dada. Começaremos com conceitos gerais de precificação em renda fixa e passaremos pelos indicadores utilizados nesse tipo de investimento.

CONCEITOS GERAIS DE PRECIFICAÇÃO EM RENDA FIXA

86. Do que trata a matemática financeira?

A matemática financeira é um ramo da Matemática que se preocupa em estudar os cálculos matemáticos relacionados a operações de investimento e financiamento realizados por agentes atuantes no mercado financeiro. Independentemente do tipo de operação, sempre há um empréstimo de recursos, ou seja, de dinheiro envolvido. Sendo assim, o conceito-chave da matemática financeira é **taxa de juros**.

87. Se quando falamos de matemática financeira estamos lidando especificamente com taxas de juros, então quais são as denominações de taxas de juros utilizadas no mercado financeiro?

Sendo juros a remuneração recebida pelo empréstimo de dinheiro, o seu nível, ou seja, a taxa, sempre dependerá do risco de crédito envolvido e do tempo que levará para o doador de recursos – o financiador/aplicador/investidor reaver seu principal de volta.

São três as denominações de taxa de juros que podemos encontrar em diferentes situações no mercado financeiro, a saber: taxa de juros nominal, taxa de juros efetiva e taxa de juros real.

88. O que é uma taxa de juros nominal?

Taxa de Juros Nominal é aquela que é expressa em uma unidade de tempo diferente daquela em que os juros são capitalizados, ou seja, a taxa é expressa em uma unidade de tempo e a forma de acumulação dos juros (**seja em regime simples ou composto**) é feita em outra unidade de tempo. Por exemplo: um financiamento em que a taxa nominal é expressa em bases anuais, mas a capitalização é feita em bases mensais.

89. O que é uma taxa de juros efetiva?

Taxa de Juros Efetiva é aquela que é expressa na mesma unidade de tempo em que os juros são capitalizados.

90. O que é uma taxa de juros real?

Uma Taxa de Juros Real é aquela que, independentemente de ser nominal ou efetiva, o investidor recebe descontada a variação da inflação ou de qualquer indicador desejado, nominal ou efetiva, respectivamente.

91. O que são os regimes de capitalização de juros?

O regime de capitalização de uma taxa de juros é a forma como os juros são acumulados, seja somente em cima do principal (montante) investido/emprestado a cada período de capitalização – como no caso dos juros simples –, seja em cima do principal adicionado aos juros anteriormente capitalizados – como no caso dos juros compostos ou continuamente compostos.

92. Em que consiste uma taxa de juros simples?

Sob um regime de taxa de juros simples, o juro recebido/pago sobre determinado montante de dinheiro aplicado/investido/emprestado é *linearmente* proporcional ao prazo em que os juros são referenciados nominalmente, ou seja, é proporcional à taxa de juros nominal de aplicação.

Em termos genéricos, podemos mostrar que:

$$VF = P \times (1 + rt)$$

em que:
VF é o Valor Futuro do investimento
P é o principal investido
r é a taxa de juros nominal (% ao período, seja este período qualquer um – 1 dia, 1 mês, 1 ano etc.)
t é o número de períodos em que a taxa de juros é referenciada

93. E uma taxa de juros composta?

Sob um regime de taxa de juros composta, o juro recebido/pago sobre determinado montante de dinheiro aplicado/investido/emprestado é *geometricamente* proporcional ao prazo em que os juros são referenciados nominalmente, ou seja, a cada período de capitalização os juros incidem não só sobre o principal, mas também sobre os juros já acumulados até então.

Matematicamente,

$$VF = P \times (1 + r)^t$$

94. Por fim, o que é uma taxa de juros contínua (ou continuamente composta)?

Sob um regime de capitalização contínua, o juro recebido/pago sobre determinado montante de dinheiro aplicado/investido/emprestado é tratado da mesma forma que em um regime de juros compostos, com a única diferença residindo na freqüência de capitalização, que é feita continuamente, ou seja, a cada instante, sendo o "instante" definido como a menor medida possível de tempo.

Não é escopo deste livro fazer demonstrações, porém podemos mostrar, matematicamente, que, no caso de juros contínuos:

$$VF = P_e^{r^*t}$$

Repare que a taxa de juros neste caso é r^*, diferente da taxa de juros composta r.

95. Por que as taxas de juros nos regimes composto e contínuo são diferentes?

Na verdade, quando se fala em regime composto, estamos dizendo que os juros são capitalizados em períodos discretos, por exemplo, 1 dia, 1 mês ou 1 ano e, no caso do regime contínuo, os juros são capitalizados de forma composta também, porém em período contínuo.

Assim, se r é uma taxa de juros composta e r^* uma taxa de juros contínua:

$$(1 + r)^t \quad \text{e} \quad e^{r^* t} = y$$

Como para conseguirmos calcular as taxas equivalentes nos dois regimes o Valor Futuro (VF) tem de ser igual nos dois casos, x tem de ser igual a y.

Sendo assim,

$$e^{r^* t} = (1 + r) \quad \text{ou} \quad \ln(1 + r) = r^*$$

96. Mas em que consiste o conceito de Valor Presente?

O chamado valor presente de um fluxo de caixa é o somatório dos valores presentes dos fluxos individuais – positivos e negativos, ou seja, é o valor de cada fluxo de caixa descontado ao momento presente pela taxa de juros prevalecente durante o período remanescente.

97. E o de Valor Futuro?

Analogamente, o valor futuro de um fluxo de caixa é o somatório do "carregamento" de cada fluxo, seja negativo ou positivo, até o pagamento final pela taxa de juros prevalecente durante o período remanescente. Em outras palavras, para encontrar o valor futuro de um fluxo de caixa, deve-se tomar cada recebimento e pagamento e calcular o valor futuro desses fluxos individuais, até o vencimento da operação, utilizando uma taxa de juros predefinida.

98. O que é Taxa Interna de Retorno?

A Taxa Interna de Retorno (TIR) é a taxa de juros para a qual o Valor Presente Líquido de um fluxo de caixa é zero. Em outras palavras, é a remuneração do capital investido. Em geral, se utiliza a TIR para saber se um investimento vale a pena ser feito. Desconsiderando-se riscos de mercado, liquidez, crédito e operacional, dizemos que um investimento vale a pena se a TIR, após calculada/estimada, é maior do que a taxa mínima exigida pelo investidor.

99. Mas o que é o Valor Presente Líquido de um fluxo de caixa?

O Valor Presente Líquido (VPL) nada mais é do que o valor presente de um fluxo de caixa calculado utilizando-se a TIR do investimento. Em geral, dizemos que se o VPL der positivo, isso quer dizer que o investimento compensa, ou seja, que ele será recuperado ou que será remunerado, no mínimo, à taxa mínima de atratividade.

100. Agora, entrando no campo da modelagem de curvas de juros, qual é a diferença entre os conceitos de taxa de juros à vista e taxa de juros a termo?

Basicamente, podemos dizer que uma *taxa de juros à vista* é a taxa cobrada pelo dinheiro entre hoje e uma data futura, que é combinada hoje, enquanto uma *taxa de juros a termo* é a taxa cobrada pelo dinheiro entre duas datas futuras, que é combinada hoje.

101. O que é um *Zero Coupon Bond*?

É um título de renda fixa que não possui cupom de juros, ou seja, que não paga juros intermediários entre o momento da aplicação e o vencimento do título. Em geral, é negociado com deságio em relação ao valor de face.

102. E o chamado PU de um título de renda fixa, o que é?

O PU (Preço Unitário) é o preço pago hoje para se comprar um título de renda fixa.

INDICADORES DE RENDA FIXA NO BRASIL

103. No Brasil, quais são os principais indicadores utilizados quando falamos em investimentos em renda fixa?

Basicamente, estamos nos referindo ao CDI-CETIP Extra Grupo, à taxa SELIC, à TJLP, à TR, à PTAX 800 de venda e aos índices de inflação IGP-M e IPCA, todos já detalhados no Capítulo 1.

104. Mas, além desses, ouvi dizer que existem os chamados índices de Renda Fixa. Em que consistem?

Sim, no Brasil, a ANDIMA, o Jornal Valor Econômico, este em conjunto com o IBMEC (Instituto Brasileiro do Mercado de Capitais) e a BM&F calculam os chamados índices de renda fixa, a saber:

1. ANDIMA
   a. IMA Geral
   b. IRF-M
   c. IMA-S
   d. IMA-C
      i. IMA-C 5
      ii IM-C 5+
   e. IMA-B todas as NTN-B
      i. IMA-B 5
      ii IM-B 5+
2. Valor Econômico/IBMEC: Índice de Mercado de Renda Fixa
3. BM&F: Índice de Taxa Média de Depósitos Interfinanceiros de Um Dia (IDI)

105. Em que consistem os índices de renda fixa da ANDIMA?

Segundo a própria ANDIMA, esses índices se propõem a mensurar a evolução do valor, a preços de mercado, das suas carteiras, de valor inicial de R$1.000,00, em que os montantes aplicados em cada maturidade (vencimento) guardam a mesma relação com o estoque desses papéis em poder do público.

106. Então quais as principais diferenças entre cada em deles?

A principal diferença reside no tipo de título que compõe a carteira de cada índice, apesar de todas as carteiras serem formadas por títulos públicos colocados em mercado na forma definitiva, isto é, sem recompra definida.

Assim, a tabela a seguir resume essas diferenças:

Índice	Título Componente
IRF-M	composto por títulos prefixados – LTNs e NTN-Fs
IMA-S	composto por títulos atrelados à SELIC – LFTs
IMA-C	composto por títulos atrelados ao IGP-M – NTN-Cs de uma forma geral
IMA-C 5	composto por NTN-Cs com prazo menor ou igual a 5 anos
IMA-C 5+	composto por NTN-Cs com prazo maior do que 5 anos
IMA-B	composto por títulos atrelados ao IPCA – NTN-Bs de uma forma geral
IMA-B 5	composto por NTN-Bs com prazo menor ou igual a 5 anos
IMA-B 5+	composto por NTN-Bs com prazo maior do que 5 anos
IMA Geral	junção do IRF-M, IMA-S, IMA-C e IMA-B

107. Como é a metodologia de cálculo dos índices de renda fixa da ANDIMA?

Segundo a ANDIMA, o método de cálculo de todos esses índices consiste em comparar diariamente o valor de cada uma das carteiras, utilizando-se as quantidades e os preços de mercado dos papéis do dia e do dia imediatamente anterior. Em geral, as quantidades são repassadas à ANDIMA pelo próprio Tesouro Nacional, enquanto os preços são calculados, a partir de uma amostra fornecida por instituições de mercado. Finalmente, a carteira de cada índice é alterada sempre que ocorrem emissões, vencimentos e recompras, pois esses eventos afetam o total de títulos públicos federais em mercado.

108. Em que consiste o Índice de Mercado de Renda Fixa Valor Econômico/IBMEC?

Formalmente, de acordo com as instituições que o calculam, esse índice é o valor relativo, em relação a uma data-base, de uma carteira composta por títulos negociados no mercado secundário de renda fixa. Sua base, igual a 100, corresponde à média das cotações dos títulos componentes em 31 de dezembro de 1999.

109. Como é a metodologia de cálculo do Índice de Mercado de Renda Fixa Valor Econômico/IBMEC?

Basicamente, fazem parte desse índice as chamadas Letras do Tesouro Nacional (LTNs), as quais são incluídas no índice a partir de sua data de emissão e excluídas do índice quando de seu vencimento.

110. Por que esses índices foram criados?

O objetivo da criação desses índices é, sem dúvida alguma, oferecer ao mercado alternativas de *benchmark* para investimentos em ativos de renda fixa. Eles tendem a tornar mais fácil a medição de retornos e riscos em que os investidores incorrem nas diferentes modalidades de investimentos dos mercados de renda fixa no Brasil.

111. Em que consiste o Índice de Taxa Média de Depósitos Interfinanceiros de Um Dia (IDI) da BM&F?

Formalmente, ele nada mais é do que o valor teórico de 100.000 pontos na data de início de valorização fixada pela BM&F, quando passa a ser corrigido pela Taxa Média de Depósitos Interfinanceiros de Um Dia (DI), calculada pela CETIP.

TÍTULOS PÚBLICOS FEDERAIS

112. O que são os chamados títulos públicos?

No Brasil, os chamados títulos públicos são ativos de renda fixa criados com o objetivo de viabilizar a captação de recursos para o financiamento da dívida pública e as atividades nas três esferas de

Governo (federal, estadual e municipal). Aqui trataremos somente dos títulos públicos federais.

113. Quem emite os títulos públicos federais no Brasil?

O Tesouro Nacional, por meio da Secretaria do Tesouro Nacional, é o órgão responsável pelo controle e pela gestão da dívida pública federal, seja ela interna ou externa. Porém, como o Banco Central do Brasil é a autoridade responsável pela política monetária, ele é o "operador" do mercado de títulos públicos no Brasil. Cabe ressaltar que, quando o Tesouro Nacional emite títulos, está executando Política Fiscal, enquanto o Banco Central faz a compra e a venda desses títulos no mercado secundário para executar Política Monetária.

114. Quais as finalidades da emissão de títulos públicos no Brasil?

Os títulos da dívida pública podem ser emitidos com três finalidades:

1. Financiar o déficit orçamentário.
2. Refinanciar a dívida pública.
3. Realizar operações para fins específicos, definidos em lei.

115. E quais são as formas de emissão de títulos do Tesouro Nacional?

Os títulos são emitidos no mercado interno de três maneiras:

1. Emissões diretas para finalidades específicas definidas em lei
2. Ofertas públicas para instituições financeiras (leilões)
3. Ofertas públicas para pessoas físicas (Tesouro Direto)

116. Em que se constituem essas tais emissões diretas?

São emissões caracterizadas pela colocação direta de títulos públicos sem a realização de leilões ou outro tipo de oferta pública. Em geral, essas emissões atendem aos objetivos de securitização de dívidas, como o Fundo de Compreensão das Variações Salariais (FCVS), as Moedas de Privatização, além da renegociação de dívidas com

Estados e Municípios e os chamados Programas Especiais, como o PROEX, o FIES e o FUNAD.

117. E os leilões públicos?

São leilões destinados a emitir títulos da dívida Pública Mobiliária Federal Interna (DPMFI) e que ocorrem, em geral, como *leilões competitivos* com preços mútiplos, ou como *leilão holandês* ou de preço único, no caso da colocação de LFTs e NTN-Bs.

As principais características operacionais desse tipo de leilão são as seguintes:

- ☐ Os participantes do leilão podem propor até cinco ofertas para cada um dos títulos ofertados.
- ☐ Diferentemente da venda via Tesouro Direto, não se adota o sistema tipo *tap system*, ou seja, não é o Tesouro Nacional que determina o preço de venda dos títulos.
- ☐ No caso de títulos prefixados (LTN e NTN-F), os leilões são realizados semanalmente, sempre às quintas-feiras, com emissão e liquidação financeira às sextas-feiras.
- ☐ As propostas são listadas obedecendo-se à ordem decrescente de preços (ordem crescente de taxas), no caso dos leilões de venda (ocorrendo o inverso nos leilões de compra).

118. Quais são as características de um leilão, seja de venda, seja de compra de títulos públicos, que as instituições financeiras autorizadas a participar precisam saber para poderem propor seus preços, respectivamente, de compra ou de venda?

Em geral, essas "características" englobam o tipo, a quantidade, o prazo, a taxa de juros (quando couber), a data-base do título, a data e a hora-limite para a apresentação das propostas, a data e a hora da divulgação do resultado do leilão, as datas de liquidação financeira e o vencimento dos títulos e, por fim, o critério de seleção das propostas.

119. Em que consiste um leilão competitivo?

É o tipo de sistema de leilão, utilizado pelo Tesouro Nacional, para colocação de títulos prefixados (LTN e NTN-F). Aqui, o critério de seleção é o de melhor preço para o Tesouro Nacional.

120. E o leilão holandês?

É o tipo de sistema de leilão, utilizado pelo Tesouro Nacional, para colocação de títulos pós-fixados (LFT e NTN-B). Aqui, o critério é o de preço único para todas as propostas aceitas, sendo que serão acatadas aquelas de preços iguais ou superiores ao mínimo aceito, no caso de leilões de venda, e preços iguais ou inferiores ao máximo aceito, no caso dos leilões de compra.

121. Além dos leilões de emissão/colocação/venda, que outros tipos de leilão o Tesouro Nacional utiliza?

Além da realização dos leilões de emissão, nas três subformas mencionadas anteriormente, encontramos no Brasil os leilões de:

- Oferta firme: Este tipo de leilão é utilizado para se emitir em mercado títulos sobre os quais ainda não haja consenso de taxas. Esse tipo de leilão é realizado em duas etapas: na primeira, o Banco Central recebe ofertas de compra firmes e, uma vez determinado o preço da primeira etapa, os títulos são ofertados, em uma segunda etapa, por meio de leilão competitivo, onde todas as instituições – vencedoras ou não da primeira etapa – participam. As instituições que fizeram a oferta firme na primeira etapa se comprometem a participar da segunda etapa com propostas de preços iguais ou superiores aos propostos na etapa preliminar.
- Compra: Por esse instrumento, o Tesouro Nacional adquire títulos em circulação no mercado.
- Troca: O Tesouro Nacional coloca à venda novos títulos e recebe como pagamento títulos em circulação no mercado, previamente definidos na portaria do leilão.

122. O que são os chamados *dealers*?

No caso de títulos públicos no Brasil, um *dealer* é uma instituição financeira credenciada pelo Banco Central, por meio do DEMAB, e pelo Tesouro Nacional, por meio da CODIP, para realizar operações diretamente com a mesa de operações do DEMAB. Para se tornar um *dealer,* as instituições financeiras devem preencher requisitos mínimos e seguir as diretrizes estabelecidas conjuntamente pelo BC e pelo TN. A eficiência dos *dealers* é mensurada periodicamente.

Os *dealers* se dividem em dois grupos:

- Dealers Primários – grupo voltado para os leilões primários e operações de mercado aberto; compreende até 12 instituições.
- Dealers Especialistas – grupo de até 10 instituições focadas no mercado secundário.
- Dealers Primários e Especialistas – admite-se a participação concomitante de, no máximo, 5 instituições em ambos os grupos.

123. O que são as chamadas Operações Compromissadas?

São operações em que títulos públicos são utilizados como garantia e em que uma entidade inicia uma operação com acordo de recompra ou de revenda, vendendo ou comprando determinada quantidade de títulos com o compromisso de recomprá-los ou revendê-los por um preço predeterminado em determinada data futura, em geral, no dia útil seguinte.

124. E quais são os principais tipos de títulos que um Governo pode emitir?

Em geral, dizemos que um governo pode emitir três tipos de títulos, a saber:
- Bônus: títulos com prazo de vencimento superior a dez anos
- Notas: títulos com prazo de vencimento entre um e dez anos
- Letras: títulos com prazo de vencimento menor que um ano

Esses parâmetros foram tomados com base nos T-Bonds, T-Notes e T-Bills de emissão do governo dos Estados Unidos e não exprimem convenção mundial sobre o assunto.

125. Mas, e no Brasil, quais são os principais títulos emitidos pelo Governo Federal?

São quatro os principais títulos emitidos pelo governo e que fazem parte das carteiras de investidores em geral:

1. Letras Financeiras do Tesouro (LFTs)
2. Letras do Tesouro Nacional (LTNs)
3. Notas do Tesouro Nacional série F (NTN-F)
4. Notas do Tesouro Nacional série B (NTN-B)

126. Quais são as principais características de uma LFT?

Uma LFT (Letra Financeira do Tesouro) é um título com rentabilidade diária vinculada à taxa de juros básica da economia (taxa Selic). O resgate do principal e dos juros ocorre no vencimento do título, assim, no caso de se investir em uma LFT, o investidor ganha dinheiro com o aumento das taxas de juros.

127. Como se calcula a taxa de juros anual, em base 252, que uma LFT qualquer está pagando?

A negociação, no mercado secundário, ocorre no ágio ou deságio colocado em relação ao *over* mensal. Sendo assim, se chamarmos de *i* esse percentual de ágio ou deságio, a taxa anual *I* da LFT é:

$$I = 100 \times \left[\left(1 + \frac{i}{3000}\right)^{252} - 1 \right]$$

Como % da curva do CDI,

$$\%CDI = \frac{100 \times \left[\left(1 + \frac{i}{3000}\right)^{252} \times \left[\left(1 + \frac{SELIC}{100}\right) \right] - 1 \right]}{cdi}$$

em que *SELIC* é a taxa Selic prevalecente em mercado.

128. Quais são as principais características de uma LTN?

Uma LTN (Letra do Tesouro Nacional) é um título com rentabilidade definida no momento da compra, com o resgate do valor do título na data do vencimento do mesmo. Cada título é adquirido com deságio e possui o valor de resgate de R$1.000,00, no vencimento. Idealmente, devemos investir em LTNs antes de uma queda esperada nas taxas de juros.

Cabe lembrar de que, dada a característica de pagamento prefixado, o investidor pode vir a ter rendimento negativo caso precise se desfazer do título antes do vencimento e caso as taxas de juros aumentem.

129. Como se calcula o PU de uma LTN?

Por se tratar de um *zero coupon bond*, o PU de uma LTN nada mais é o do que o valor presente de seu Valor de Face, que é igual a R$1.000,00 (mil reais). Assim:

$$PU = \frac{1000}{(1+r)^{DU/252}}$$

em que:

PU é o preço unitário da LTN

DU é o número de dias úteis entre a data de liquidação financeira da aplicação e a data de liquidação financeira do pagamento do valor de face, descontado o imposto de renda, pelo Governo Federal, ao aplicador.

r é a taxa de juros, em base de 252 dias úteis, na qual o título é negociado.

130. Quais são as principais características de uma NTN-F?

É um título com a rentabilidade definida, acrescida de juros definidos no momento da compra. O pagamento dos juros é semestral e o resgate do principal ocorre na data de vencimento do título. Seu valor nominal é de R$1.000,00 (mil reais), com cupom semestral de 10%.

131. Como se calcula o PU de uma NTN-F?

$$PU_{NTN-F} = \sum_{i=1}^{n} \frac{Ci}{1+y^{\frac{du_i}{252}}} + \frac{100}{1+y^{\frac{du_{vencimento\ i}}{252}}}$$

em que:
y é o *yield* em que o título é cotado no mercado secundário
du é o número de dias úteis até a data de pagamento
C é o cupom semestral

$$C = \left[(1+0{,}10)^{\frac{1}{2}} - 1 \right] \times R\$1000 = R\$48{,}81$$

132. Quais são as principais características de uma NTN-B?

É um título com a rentabilidade vinculada à variação do IPCA (Índice de Preços ao Consumidor Amplo), acrescida de juros de 6%. A atualização do valor é mensal, mas o pagamento dos juros é semestral e o resgate do valor nominal atualizado ocorre na data de vencimento do título.

133. Como se calcula o PU de uma NTN-B?

$$PU_{NTN} = VNA \times \left(\frac{PO}{100}\right) \qquad PO = \sum_{i=1}^{n} \frac{\left[(1+0{,}06)^{\frac{1}{2}} - 1\right]}{1+y^{\frac{du_i}{252}}} + \frac{1}{1+y^{\frac{du_{vencimento\ i}}{252}}}$$

em que:
du é o número de dias úteis até o dia de vencimento
VNA é o valor nominal ajustado pela variação do IPCA entre 15/7/2000 e a data de liquidação da compra
y é o *yield* de cotação de mercado
PO é o preço de oferta dividido pelo VNA na data de liquidação
F_{IPCA} é o fator de variação do IPCA entre 15/7/2000 e o 15º do mês corrente
F_{du} é o resultado da divisão do número de dias úteis entre a data de liquidação da compra e o 15º dia do mês corrente pelo número de dias úteis entre o 15º dia do mês corrente e o 15º dia do mês subseqüente.

TESOURO DIRETO

134. O que é o chamado Tesouro Direto?

Formalmente, o Tesouro Direto é um programa de venda de títulos a pessoas físicas desenvolvido pelo Tesouro Nacional e que conta com o apoio da CBLC.

135. Qual é o valor mínimo para se começar a investir em títulos públicos via Tesouro Direto?

Não existe um valor mínimo e sim uma quantidade mínima de títulos, que é de 0,2 título.

136. E valor máximo, existe?

Sim, existe e é de R$400.000,00 por mês.

137. Qual é a primeira coisa que tenho de fazer se quiser investir via Tesouro Direto?

A primeira coisa a ser feita por um investidor interessado em comprar títulos públicos via internet, no Tesouro Direto, é se cadastrar em algum dos bancos ou CCVMs habilitados(as) no Tesouro Direto, os chamados Agentes de Custódia.

138. Quem pode comprar títulos no Tesouro Direto?

Todo e qualquer indivíduo com domicílio no Brasil, que tenha se cadastrado em qualquer Agente de Custódia.

139. Sim, entendi que tenho de me cadastrar em um Agente de Custódia, mas qual é o passo-a-passo depois disso se eu efetivamente quiser comprar um ou mais títulos diferentes?

Basicamente, o procedimento é o seguinte:

1. Cadastrar-se em um Agente de Custódia, o qual pode ser uma CCVM, um banco ou uma DTVM.
2. Receber a senha, via e-mail, de acesso ao Tesouro Direto.
3. De posse da senha, acessar www.tesourodireto.gov.br.

4. Então, clicar em "Títulos Disponíveis para Compra".
5. Clicar em "Comprar" e escolher o Agente de Custódia.
6. Escolher o(s) título(s) que desejar, assim como a quantidade de cada um.
7. Finalizar a compra.

140. E se eu quiser vender um título que já possuo, como procedo?

Quando desejar vender seus títulos, o procedimento é análogo ao de compra, com detalhe para os dias e horários em que o Tesouro Nacional oferece recompra dos títulos. Especificamente, essas "recompras" ocorrem semanalmente, entre as 9:00h das quartas-feiras e as 17:00h das quintas-feiras. Excepcionalmente, nas semanas em que houver reunião do Comitê de Política Monetária (COPOM), a recompra de todos os títulos também é feita entre as 9:00h de quinta-feira e 17:00h de sexta-feira. A negociação dos títulos prefixados (LTN e NTN-F) é suspensa entre 17:00h da quarta-feira e 9:00h de quinta-feira, início do mercado, para evitar que as decisões do COPOM acerca da meta da taxa Selic possam afetar as negociações no Tesouro Direto sem que haja correspondente efeito no mercado secundário.

141. Mas o que são esses "Agentes de Custódia"?

São instituições participantes da CBLC que prestam o serviço de guarda dos títulos de seus clientes. São elegíveis como Agentes de Custódia as seguintes instituições financeiras: CCVMS, bancos comerciais, múltiplos ou de investimento e DTVMs.

142. Quais são os títulos nos quais posso investir por meio do Tesouro Direto?

É possível investir em quatro títulos diferentes:

1. LFT
2. LTN
3. NTN-F
4. NTN-B

143. Ok, mas como faço para pagar as compras de títulos públicos?

O débito é feito automaticamente no dia útil seguinte à operação (D+1) na conta investimento que o investidor deve deter em seu Agente de Custódia. Cabe ressaltar que, caso o investidor não possua os recursos disponíveis, ou seja, caso fique inadimplente, ele é suspenso por trinta dias e não pode efetuar nenhuma compra no Tesouro Direto durante esse período. Se houver reincidência, o tempo de suspensão será de seis meses. Na segunda reincidência, o investidor será suspenso por três anos. Também devemos ressaltar que é IMPOSSÍVEL cancelar uma compra via Tesouro Direto.

144. Quais são meus custos transacionais?

Antes de mais nada, devemos dizer que não há qualquer cobrança de taxa para se cadastrar e manter conta inativa no Tesouro Direto O investidor só incorre em custos quando ele realmente investe, ou seja, quando compra um título. Assim, os custos transacionais são os seguintes:.

– 0,4% a.a. sobre o valor de compra do título, pagos à CBLC, referentes à prestação dos serviços de guarda dos títulos e informação dos saldos e movimentações dos investidores.

– Taxas de manutenção da conta de custódia cobradas pelo Agente de Custódia (cada agente possui uma taxa).

145. E seu meu Agente de Custódia quebrar?

Segundo informado no próprio site do Tesouro Direto (www.tesourodireto.gov.br), os títulos adquiridos no Tesouro Direto ficam registrados no nome do investidor, sempre sob responsabilidade de um Agente de Custódia. Caso seja decretada a falência, a liquidação extrajudicial ou a concordata da instituição contratada como Agente de Custódia, os títulos registrados no nome do investidor junto ao Agente de Custódia permanecem na propriedade do investidor, não sendo tais títulos destinados ao pagamento de credores da massa falida. O investidor pode contratar outro Agente de Custódia para a administração de seus títulos.

TÍTULOS PRIVADOS DE RENDA FIXA

146. Quais são os principais tipos de títulos privados de renda fixa nos quais um investidor pode aplicar seu dinheiro no Brasil?

Em geral, um investidor, seja uma pessoa física, uma empresa, uma instituição financeira ou um fundo de investimento, tem como alternativas de investimento em títulos privados de renda fixa no Brasil os tipos listados a seguir, em ordem alfabética por tipo de título, ou seja, com acesso direto ou indireto para investidores pessoas físicas:

1. Títulos privados de renda fixa acessíveis a pessoas físicas diretamente no Brasil
    1.1. Caderneta de Poupança
    1.2. Certificado de Depósito Bancário
    1.3. Certificado de Recebível Imobiliário
    1.4. Debênture
2. Títulos privados de renda fixa acessíveis a pessoas físicas e/ou jurídicas via fundos de investimento com risco de crédito
    2.1. Cédulas
        2.1.1. de Crédito Bancário (CCB)
        2.1.2. de Crédito Imobiliário (CCI)
    2.2. Certificado de Investimento Audiovisual
    2.3. Letras
        2.3.1. de Câmbio
        2.3.2. de Crédito Imobiliário
        2.3.3. Hipotecária
    2.4. Títulos de Capitalização
3. Títulos privados de renda fixa emitidos no exterior
    3.1. Eurobonds
    3.2. Títulos tipo *Commercial Paper*
        3.2.1. Nota Promissória
4. Títulos relativos a ativos agropecuários
    4.1. Cédula de Produto Rural (CPR)
    4.2. Certificado de Depósito Agropecuário

4.3. Warrant Agropecuário
4.4. Certificado de Direitos Creditórios do Agronegócio
4.5. Letra de Crédito do Agronegócio
4.6. Certificado de Recebíveis do Agronegócio

147. Em que consiste um investimento em Caderneta de Poupança?

O investimento em cadernetas de poupança é um depósito remunerado feito em caixas econômicas, bancos múltiplos com carteira imobiliária, associações de poupança e empréstimos e sociedades de crédito imobiliário.

148. Quais são as principais características de um investimento em Caderneta de Poupança?

Em geral, podemos dizer que a caderneta de poupança é uma aplicação com juros reais prefixados porque ela paga TR (Taxa Referencial) mais 0,5% ao mês, num cálculo de taxas compostas. Além disso, o rendimento é mensal, e a liquidez, imediata. Não há incidência de imposto de renda e IOF para pessoas físicas.

149. Em que consiste um investimento em Certificado de Depósito Bancário?

Um CDB é um título emitido por um banco para captação de recursos junto a investidores. Em geral, esses recursos captados ficam parte depositados no Banco Central, em forma de depósito compulsório, e o restante é emprestado pelo banco a clientes com necessidades de crédito e financiamento. Formalmente são títulos representativos de depósito a prazo.

150. Quais são as principais características de Certificado de Depósito Bancário?

Em geral, esses títulos podem ter remuneração prefixada ou pós-fixada, seja em R$, seja ligada a algum indicador de inflação. Agora, independentemente do tipo de remuneração, esta varia de instituição para instituição e também dentro de uma mesma instituição, dependendo de três características:

1. montante aplicado
2. prazo aplicado
3. opcionalidade de liquidez imediata ou não por parte do aplicador[1]

151. Em que consiste um investimento de um Certificado de Recebível Imobiliário?

Quando se investe em um Certificado de Recebível Imobiliário (CRI), investe-se em um título de renda fixa lastreado em créditos imobiliários, como fluxo de pagamentos de contraprestações de aquisição de bens imóveis ou de aluguéis – emitidos por sociedades securitizadoras. O CRI é, segundo a CIBRASEC (www.cibrasec.com.br), o único título de crédito que oferece lastro (fluxo de pagamentos) e garantia real ao investidor.

152. Quais são as principais características de um Certificado de Recebível Imobiliário?

Em geral, os CRIs possuem as seguintes características principais:

- ☐ Emissão nas formas simples ou com regime fiduciário.
- ☐ Isenção de imposto de renda sobre sua remuneração, para investidores pessoas físicas.
- ☐ Registro na CETIP.

153. Em que consiste um investimento em uma debênture?

Segundo o Sistema Nacional de Debêntures (www.debentures.com.br), um investimento em debênture é um investimento em valor mobiliário, representativo de dívida de empresa e que dá a seu detentor, em geral chamado de debenturista, o direito de crédito contra a empresa emissora.

---

[1] O fato de um investidor comprar, por exemplo, um CDB de um ano de prazo e ter a opcionalidade de resgate antecipado pela curva a qualquer momento não é previsto em lei, mas TODOS os bancos no país oferecem essa opção ao investidor dentro de determinadas condições, em especial, dependendo do tipo e do tamanho do(a) investidor/aplicação.

154. Mas que tipo de empresa pode emitir uma debênture?

Qualquer S.A. pode emitir debêntures, seja ela de capital aberto (com registro na CVM) ou de capital fechado. Acontece que somente as de capital aberto podem efetuar emissões públicas de debêntures.

Cabe aqui ressaltar que, no caso de emissão pública, esta é feita com o intuito de atingir o público investidor em geral, enquanto, numa emissão privada, os investidores aos quais o título é oferecido pertencem a um grupo predeterminado.

155. Quais são as principais características de uma debênture?

Dentre as principais características de uma debênture podemos elencar as seguintes:

- ☐ Vencimento definido ou indefinido (debênture perpétua)
- ☐ Pode ou não ser conversível em ações
- ☐ Pode ser nominativa escritural ou nominativa com certificado
- ☐ Com ou sem garantia

156. Mas em que consiste uma debênture conversível em ações?

São debêntures que embutem a opção, para o debenturista, de converter (ou receber em adição) ações da companhia emissora ou de uma outra companhia qualquer, dentro de determinados parâmetros. As condições de conversibilidade, bem como as de permutabilidade, devem estar descritas na chamada escritura de emissão.

157. Mas qual é a diferença entre debênture nominativa e debênture escritural?

- ☐ Debênture nominativa: o registro dos negócios é feito pela empresa emissora.
- ☐ Debênture escritural: custódia e escrituração realizada por instituição terceirizada.

158. E, com relação às garantias oferecidas, em quais tipos de debêntures eu poderia investir?

Em geral a taxonomia de debêntures com relação ao tipo de garantia segue a classificação a seguir:

1. Debêntures sem garantia
2. Debêntures com garantia
    2.1. *garantia real*: garantidas por bens integrantes do ativo da companhia emissora, ou de terceiros, sob a forma de hipoteca, penhor ou anticrese.
    2.2. *garantia flutuante*: possui privilégio geral sobre o ativo da emissora em caso de falência. Os bens objeto da garantia flutuante não ficam vinculados à emissão, o que possibilita à emissora dispor desses bens sem a prévia autorização dos debenturistas.
    2.3. *quirografária ou sem preferência*: não oferecem privilégio algum sobre o ativo da emissora, concorrendo em igualdade de condições com os demais credores quirografários em caso de falência da companhia.
    2.4. *subordinada*: na hipótese de liquidação da companhia, oferecem preferência de pagamento tão-somente sobre o crédito de seus acionistas.

159. Onde as debêntures são negociadas no Brasil?

No Brasil, os negócios com debêntures podem ser registrados, seja em mercado primário, seja em mercado secundário, na BOVESPA FIX ou na CETIP, sendo que nesta última o registro é feito em uma das três plataformas/ferramentas do SND (Sistema Nacional de Debêntures): CetipNET, Bookbuilding ou SDT.

160. Em que consiste um investimento em Cédula de Crédito Bancário?

Legalmente, uma CCB é definida como um título de crédito emitido, por pessoa física ou jurídica, em favor de instituição financeira ou de entidade a esta equiparada, representando promessa de pagamento em dinheiro, decorrente de operação de crédito, de qualquer modalidade.

161. Em que consiste um investimento em Letra de Câmbio?

Um investidor que aplica recursos em letras de câmbio está emprestando dinheiro às sociedades de crédito, financiamento e investimento, ou seja, está emprestando dinheiro a financeiras. Formalmente, é considerada ordem de pagamento à vista ou a prazo com origem em um contrato de financiamento entre uma instituição financeira e o consumidor de bens e serviços (no caso de Crédito Direto ao Consumidor – CDC) ou tomada de crédito pessoal.

162. Quais as principais características da Letra de Câmbio?

Dentre as principais características de uma letra de câmbio, podemos citar:

- A apresentação de garantias pelo sacado.
- A possibilidade de ter rendimento prefixado ou pós-fixado.
- A possibilidade de ser negociada com deságio, em que os juros já estão embutidos, ou com pagamento de principal e juros no vencimento.

163. O que é um Título de Capitalização?

Segundo a SUSEP, é uma aplicação pela qual o subscritor constitui um capital, segundo cláusulas e regras aprovadas e mencionadas no próprio título a ser pago em moeda corrente num prazo máximo estabelecido. O título de capitalização só pode ser comercializado por Sociedades de Capitalização e, para todos os fins legais, são considerados títulos de crédito.

164. Em que consiste um investimento em um *Eurobond*?

Em geral, quando um investidor compra um *eurobond*, está comprando um título privado de renda fixa num país diferente do país emissor do título do país da moeda em que o título é referenciado.

165. Quais são as principais características dos *Eurobonds*?

- Sua emissão é feita fora da jurisdição de qualquer país específico.

- Sua emissão é feita simultaneamente em diferentes países.
- São desregulamentados.
- Não são tributados.
- Podem ter rendimento prefixado (*fixed rate notes*) ou pós-fixado (*floating rate notes*); em geral, os emissores pagam um cupom além da LBOR.
- Devem ter registro em Bolsa – em geral, a Bolsa de Luxemburgo é a instituição escolhida.
- Podem embutir opções de venda americanas para os investidores (*putables*) e/ou opções de compra americanas para os emissores (*callables*).

166. Em que consiste o investimento em um *Commercial Paper*?

Quando dizemos que investimos em um *commercial paper*, na verdade, estamos dizendo que estamos investindo em uma classe de ativos, pois um *commercial paper*, que formalmente é um ativo do mercado monetário emitido por bancos ou empresas, pode ser representado por um *certificado de depósito* ou uma *nota promissória*. Em geral, no exterior, são os fundos de curto prazo os principais compradores desse tipo de título de renda fixa. Duas de suas principais características de emissão são:

- Dependendo do país em que o título é comercializado, o prazo de vencimento varia entre 30 e 360 dias.
- Podem ser emitidos com ou sem garantia.

167. Em que consiste um investimento em uma Nota Promissória?

Investir em uma nota promissória significa emprestar dinheiro a uma empresa. No Brasil, são títulos emitidos por empresas, sejam S.A. ou não, para captar recursos de capital de giro.

168. Quais são as principais características de um investimento em Nota Promissória?

Em geral, as principais características no tocante às emissões de notas promissórias são as seguintes:

- Se emitidas por S.A. de capital fechado, devem ter prazo mínimo de 30 e máximo de 180 dias.
- Se emitidas por S.A. de capital aberto, devem ter prazo mínimo de 30, porém máximo de 360 dias.
- Podem ter remuneração prefixada e pós-fixada (em R$ por alguma taxa de juros ou índice de inflação).

169. Em que consiste um investimento em uma Cédula de Produto Rural?

Um investimento em uma Cédula de Produto Rural (CPR) é um investimento em um título privado pelo qual um produtor rural (pessoa física ou jurídica) ou cooperativa de produção vende a termo certa quantidade de mercadoria, recebendo o valor negociado (ou insumos) no ato da venda e comprometendo-se a entregá-la na qualidade e no local acordado em data futura.

170. Quais são as principais características de uma Cédula de Produto Rural?

- Pode ser negociada com ou sem aval e/ou seguro.
- Negociada em mercado de balcão, ou na Bolsa Brasileira de Mercadorias, ou ainda por meio de leilão eletrônico do Banco do Brasil que interliga as bolsas de mercadorias regionais.
- Pode ter liquidação física (quando a liquidação se dá pela entrega efetiva do produto) ou financeira (quando a liquidação se dá por um preço ou índice de preço estipulado no papel).
- Isenção de IOF.

171. Como se precifica uma CPR?

Em geral, quando a mercadoria subjacente da CPR é negociada em mercado futuro na BM&F, o que se faz é trazer o preço futuro a valor presente.

CAPÍTULO 4
Investimentos em Renda Variável

Eu nunca tento ganhar dinheiro no mercado de ações. Compro supondo que o Mercado pode fechar no dia seguinte e reabrir só em cinco anos.

WARREN BUFFET

Motivação

Quando alguém diz que investe em ações, as pessoas sem conhecimento prévio do assunto logo pensam "...esse é um mundo no qual nunca vou entrar". Aqui está o primeiro e o maior erro que um potencial investidor pode incorrer quando o assunto é renda variável. Um dos objetivos deste livro é mostrar que qualquer pessoa normal é capaz de investir seu próprio dinheiro ou, ao menos, de selecionar o melhor gestor para seu dinheiro, se tiver disciplina e método criterioso de investimentos. E isso se aplica, em especial, ao mercado de renda variável.

O simples fato de comprar uma ação pode incluir objetivos completamente diferentes que vão desde uma simples aposta especulativa, passando por *hedge* em uma posição vendida em outro ativo, até uma posição no conselho de administração. Também, os estilos de gestão em renda variável englobam técnicas e metodologias que estão longe de serem uníssonas. Portanto, se algum profissional da área lhe disser que opera ações e que nunca perdeu dinheiro, ele está mentindo! Não existe técnica ou metodologia 100% infalível pois, se existisse, só haveria um ganhador nesse jogo.

Assim, neste capítulo começaremos com conceitos genéricos sobre investimentos em renda variável e sobre o mercado à vista de ações no Brasil. Passaremos pela atuação dos formadores de mercado e conheceremos o lado das vendas a descoberto. Por fim, discutimos a construção dos índices de ações.

DEFINIÇÕES GENÉRICAS SOBRE RENDA VARIÁVEL E O MERCADO À VISTA DE AÇÕES DA BOVESPA

172. O que é valor mobiliário?

É todo e qualquer título emitido por uma Sociedade Anônima para captação de recursos financeiros. Especificamente falando, trata-se de ações, bônus de subscrição, debêntures, partes beneficiárias e notas promissórias para distribuição pública.

173. Em que consiste uma ação?

Uma ação é uma fração do capital social de uma empresa. Formalmente, uma ação é um título nominativo negociável.

174. O que é uma Sociedade Anônima?

É uma empresa que tem seu capital dividido em ações. Chamadas abreviadamente de S.A., podem ser de capital fechado, quando seus valores mobiliários não são admitidos nos mercados organizados, seja em Bolsa de Valores, seja no mercado de balcão organizado, ou podem ser de capital aberto (Companhia Aberta), caso contrário.

175. Quais são as principais características de uma S.A.?

1. Possuem seu capital dividido em ações, em que cada uma representa uma fração do capital social, sendo esse capital limitado no preço da emissão.
2. Os sócios são responsáveis pela empresa de forma limitada ao preço de emissão das ações.
3. Deve ser formada por, no mínimo, dois sócios.
4. As expressões S.A. e Companhia podem ser utilizadas.

176. Que tipos de ações existem?

Basicamente, dois são os tipos principais de ações no Brasil, a saber:

☐ Ações Ordinárias (ON): são ações sem quaisquer tipos de restrições ou privilégios. No Brasil, são ações com direito a voto, que concedem a seus detentores o poder de voto nas assembléias deliberativas da companhia.

☐ Ações Preferenciais (PN): são ações que dão a seus titulares uma preferência ou prioridade na distribuição dos resultados (dividendos e juros sobre capital próprio) de, no mínimo, 10% superiores aos atribuídos às ações ordinárias e também preferência no reembolso do capital em caso de liquidação da companhia. No Brasil, o direito de voto é restringido para as ações PN. A Lei das S.A. permite que as companhias emitam até 2/3 do capital social em ações preferenciais.

Cabe ressaltar que as ações, sejam ON ou PN, podem ser classificadas por classes A, B, C etc. Essas classes significam diferenças em parâmetros, em geral direito a voto e prioridade com relação a dividendos e devem ser estabelecidas no estatuto social.

Também podemos classificar as ações quanto à forma, a saber:

- Nominativas com Certificado, quando há registro de controle de propriedade feito pela empresa ou por terceiros, podendo ou não haver emissão de certificado.
- Nominativas Escriturais, quando há a designação de uma instituição financeira credenciada pela CVM, que atua como fiel depositária dos títulos, administrando-os via conta-corrente de ações.

177. O que é a Lei das S.A.?

É a Lei nº 6.404, de 15 de dezembro de 1976, que dispõe sobre as Sociedades por Ações. Adicionalmente, como fundamento legal do mercado de valores mobiliários no Brasil, encontramos a Lei nº 6.385, de 7 de dezembro de 1976, que dispõe sobre o mercado de valores mobiliários e cria a Comissão de Valores Mobiliários.

Por fim, a Lei das S.A. foi modificada pela Lei nº 10.303, de 31 de outubro de 2001.

178. O que é uma Companhia Aberta?

É aquela cujos valores mobiliários são admitidos à negociação nos mercados organizados (bolsas de valores e mercado de balcão) e que se encontra registrada no órgão competente (no Brasil, a CVM – Comissão de Valores Mobilários). Toda Companhia Aberta ou S.A. é fiscalizada pela CVM e deve divulgar informações.

179. Quais os tipos de valores que uma ação pode ter?

São sete os diferentes tipos de valores que uma ação pode ter, a saber:

1. Contábil
2. Patrimonial
3. Intrínseco
4. De liquidação
5. Unitário
6. De subscrição
7. De mercado

180. O que é o valor contábil de uma ação?

É o valor lançado no estatuto. Pode ser explícito (valor nominal) ou indiscriminado (sem valor nominal).

181. O que é o valor patrimonial de uma ação?

É o valor do Patrimônio Líquido do exercício (período) considerado, dividido pelo número de ações emitidas.

182. O que é o valor intrínseco de uma ação?

É o valor apurado no processo de análise fundamentalista.

183. O que é o valor de liquidação de uma ação?

É o valor estimado no caso de encerramento das atividades da empresa.

184. O que é o valor unitário de uma ação?

É o quociente entre o valor do capital social realizado de uma empresa e o número de ações emitidas.

185. O que é o valor de subscrição de uma ação?

É o preço fixado em subscrições para aumento de capital (não pode ser inferior ao valor nominal contábil).

186. Como consigo investir em ações?

Basicamente existem duas formas de se investir em ações: diretamente, por meio de CCVM, ou indiretamente, via clubes de investimento em ações ou via fundos de investimento.

187. Existe valor mínimo para se investir em ações, no Brasil?

A resposta direta é não, não existe valor mínimo requisitado pela Bovespa.

188. Em termos de investimento, como eu ganho dinheiro investindo em ações?

Ora, quando investimos em ações, estamos nos tornando sócios da empresa emissora daquelas ações. Logo, podemos ganhar dinheiro sendo sócio de uma empresa de duas formas: tendo ganhos de capital, ou seja, quando os preços das ações sobem em relação a nosso preço de aquisição, ou quando o fato de termos a propriedade de uma ação nos faz auferir alguma renda, seja esta distribuída pela empresa como dividendos e juros sobre capital, seja esta obtida do mercado, como é o caso do aluguel de ações.

189. Quais os tipos de proventos que o detentor de uma ação pode receber?

No Brasil, são quatro, a saber:

1. Dividendos
2. Juros sobre Capital Próprio
3. Bonificações
4. Direitos de Subscrição

190. O que são dividendos?

Os dividendos correspondem à parcela de lucro líquido distribuída aos acionistas, na proporção da quantidade de ações detida, ao fim de cada exercício social. Uma S.A. deve distribuir, no mínimo, 25% de seu lucro líquido ajustado. Como dito anteriormente, no Brasil as ações preferenciais recebem 10% a mais de dividendos do que as ordinárias, caso o estatuto social da companhia não estabeleça um dividendo mínimo. Se apresentar prejuízo ou estiver atravessando dificuldades financeiras, a companhia não será obrigada a distribuir dividendos. Porém, caso tal situação perdure, suas ações preferenciais adquirirão direito de voto, até que se restabeleça a distribuição de dividendos.

191. O que são Juros sobre Capital Próprio?

São proventos pagos em dinheiro como os dividendos, sendo porém dedutíveis do lucro tributável da empresa.

192. O que é uma Bonificação de Ações?

Quando uma S.A. capitaliza suas reservas e/ou resultados, a empresa distribui, GRATUITAMENTE, ações em número proporcional às já possuídas por cada acionista. Eventualmente, a empresa pode optar por distribuir essas reservas, ou parte delas, em dinheiro, gerando o que se denomina bonificação em dinheiro.

193. O que é um Direito de Subscrição de ações?

É a preferência de que goza o acionista para adquirir ações novas – pelo preço e no prazo preestabelecido pela empresa – lançadas para venda pela empresa, com a finalidade de obter recursos para elevar seu capital social –, na quantidade proporcional às já possuídas. O acionista pode transferir o direito de subscrição a terceiros, por meio de venda desse direito em pregão, no prazo preestabelecido para o exercício do Direito de Subscrição. Transcorrido o prazo, o ativo deixa de existir.

194. Qual é a diferença entre o que se chama de uma ação "Com" (Cheia) e uma ação "Ex" (Vazia)?

Ações "**Com**" (cheias) são ações que conferem a seu titular o direito aos proventos distribuídos pelas empresas, enquanto ações "**Ex**" (vazias) são ações cujo direito ao provento já foi exercido pelo acionista. Somente podem ser negociadas, em pregão de bolsa, as ações que não possuam proventos anteriores a receber. Assim, quando a assembléia de uma empresa aprova a distribuição de um provento, as ações passam a ser negociadas "ex".

195. Qual é a diferença entre um desdobramento de ações (ou SPLIT) e grupamento de ações (INPLIT)?

Um desdobramento e um grupamento são, por definição, eventos opostos. Enquanto um desdobramento significa a multiplicação do número de ações da empresa, que se desdobra em uma proporção predeterminada, um grupamento é o processo inverso, no qual o número de ações da empresa é dividido em determinada proporção. Nenhum desses eventos causa qualquer modificação no capital social da empresa.

196. Em que consiste o chamado Mercado Primário?

É o mercado formado pelas vendas primárias de valores mobiliários. No caso de ações, é caracterizado pela IPO (Initial Public Offering) quando as ações são vendidas pela primeira vez ao mercado. Essa "venda primária" está associada a uma operação de *underwriting*.

197. Então, o que é uma operação de *underwriting*?

É o processo pelo qual uma instituição financeira coordena e/ou garante a colocação dos títulos de uma empresa, no caso ações, junto ao mercado. O coordenador pode ser um banco de investimento, uma CCVM ou uma DTVM.

198. Quais são os tipos de *underwriting* que existem?

São basicamente três os diferentes tipos de operações *underwriting* que uma empresa pode escolher para colocação de seus títulos:

- ☐ Garantia Firme: a instituição mediadora compromete-se a absorver os títulos eventualmente não vendidos, garantindo à empresa o recebimento da totalidade dos recursos previstos.
- ☐ Puro: a instituição mediadora subscreve todo o lote de títulos, paga-os integralmente à empresa emitente e se encarrega de colocá-los posteriormente no mercado.
- ☐ Melhores Esforços: o risco da não-colocação dos títulos corre exclusivamente por conta da empresa emissora. A instituição mediadora compromete-se apenas a fazer o melhor esforço na venda.

199. E o Mercado Secundário, o que é?

Após terem sido colocados no mercado primário, os valores mobiliários podem ser negociados nos pregões das bolsas de valores ou no mercado de balcão, que se divide em dois segmentos: organizado (regulado pela CVM) e não organizado. Nessas negociações, a companhia emitente não recebe recursos e sim o proprietário do título. Entretanto, é o mercado secundário que oferece o importante atributo da liquidez aos investidores que adquirem os títulos no mercado primário.

200. O que é uma operação à vista no mercado de ações da Bovespa?

É a compra ou a venda de determinada quantidade de ações, a um preço estabelecido em pregão. Assim, quando há a realização de um negócio, ao comprador cabe despender o valor financeiro envolvido na operação e, ao vendedor, a entrega dos títulos-objeto da transação, nos prazos estabelecidos pela CBLC.

201. Existem outros títulos, além de ações, que podem ser negociados no mercado à vista da Bovespa?

A resposta é sim; além de todas as ações de emissão de empresas admitidas à negociação na Bovespa, podem ser negociados os direitos e recibos de subscrição, e os recibos de carteira selecionada de ações e cotas dos chamados ETFs (Exchange Traded Funds).

202. Como esses títulos são negociados na Bovespa?

Todas as negociações na Bovespa são realizadas por meio do chamado Mega-Bolsa, que é um sistema eletrônico de negociação que permite às CCVMs cumprirem as ordens de clientes diretamente de seus escritórios. Pelo Sistema Eletrônico de Negociação, a oferta de compra ou venda é feita por meio de terminais de computador. O encontro das ofertas e o fechamento de negócios são realizados automaticamente pelos computadores da Bovespa.

203. O que é a liquidação de uma operação de compra e venda de ações?

É o processo de transferência da propriedade dos títulos e o pagamento/recebimento do montante financeiro envolvido. Esse processo, na Bovespa, tem duas etapas:

1. Disponibilização dos títulos: implica a entrega dos títulos à CBLC, pela CCVM intermediária do vendedor. Ocorre no segundo dia útil (D+2) após a realização do negócio em pregão (D+0). As ações ficam disponíveis ao comprador após a liquidação financeira.
2. Liquidação financeira: implica o pagamento do valor total da operação pelo comprador, o respectivo recebimento pelo vendedor e a efetivação da transferência das ações para o comprador. Ocorre no terceiro dia útil (D+3) após a realização do negócio em pregão.

204. Quais são os custos transacionais para se operar no mercado à vista de ações da Bovespa?

Sobre as operações realizadas no mercado à vista incidem a taxa de corretagem pela intermediação, calculada por faixas sobre o movimento financeiro total (compras mais vendas) das ordens realizadas em nome do investidor, por uma mesma CCVM e em um mesmo pregão e os emolumentos.

205. Em que consiste o chamado After-Market?

After-Market é o nome dado à negociação de ações, após o horário regular de funcionamento diário da Bovespa, de forma eletrônica. Cabe ressaltar que as operações no After-Market estão condicionadas a um limite de R$100.000,00 por investidor para o período After-Market e os preços das ordens enviadas nesse período não poderão exceder à variação máxima positiva ou negativa de 2% em relação ao preço de fechamento do pregão em horário normal.

206. E os chamados Home-Brokers, o que são?

São os sistemas das diferentes CCVMs, sócias da Bovespa, que permitem a negociação de ações via Internet. Esses sistemas são interligados ao sistema de negociação da Bovespa chamado de Mega-Bolsa.

207. Como posso negociar ações via internet por meio do sistema Home-Broker?

Qualquer investidor que quiser operar via Home-Broker deve, como nas negociações tradicionais, ser um cliente cadastrado em uma CCVM, sendo que a CCVM deve dispor de um sistema de home-broking próprio ligado ao da Bovespa. Assim, uma vez atendida essa condição, o investidor deve verificar, junto a sua CCVM, as exigências adicionais, em geral depósito prévio em conta de dinheiro ou títulos, para poder começar a enviar ordens de compra e venda de ações e derivativos utilizando a internet.

208. Quais as principais vantagens de se operar utilizando o sistema de Home-Broker em vez de utilizar a mesa de operações de uma CCVM?

Segundo a própria Bovespa, a compra e venda de ações via Home-Broker no Brasil apresenta aos investidores vantagens como praticidade e rapidez na execução de ordens, acompanhamento on-line de custódia, fluxo de caixa e rentabilidade, programação de ordens e, em determinados casos, acesso a cotações, análises e notícias em tempo real e a custo zero.

209. Existe um limite de alta e de baixa para os preços das ações?

Não existe um limite para a alta nem para a queda dos preços das ações na Bovespa, mas cabe ressaltar que para o Ibovespa, a Bovespa adota o chamado dispositivo de *circuit-breaker*, que consiste na interrupção das negociações quando o Ibovespa atinge determinado percentual de queda. O objetivo de seu uso é amenizar quedas do mercado em situações que se mostram anormais.

210. Em que situações é ativado esse *circuit-breaker*?

O *circuit breaker* é ativado tomando por base o valor de fechamento do Ibovespa do dia anterior, da seguinte maneira:

- ☐ Interrupção de meia hora para uma queda de 10% no índice.
- ☐ Interrupção adicional de uma hora se o índice cair mais 5% após a reabertura (completando uma queda total de 15%).

211. Existe prazo mínimo para se ficar com uma ação?

Segundo a Bovespa, não há qualquer exigência para o tempo de permanência com uma ação. Se assim desejar, o comprador de uma ação pode vendê-la no instante seguinte à sua compra, realizando um *day-trade*, que é a realização de uma compra e uma venda, no mesmo dia, da mesma quantidade de ações, utilizando para isso a mesma CCVM e o mesmo Agente de Compensação.

PIBB11

212. O que é o PIBB?

O PIBB (Fundo do Índice Brasil 50) é um ETF (*exchange traded fund*), ou seja, é um fundo de investimentos que tem cotas negociadas em bolsa de valores, no caso, na Bovespa. O principal objetivo do PIBB é replicar a carteira do IBrX-50.

213. Quais as vantagens de se investir no PIBB em vez de se investir diretamente em ações?

Segundo a Bovespa, as principais vantagens de se investir no PIBB são:

1. Representatividade da Economia por meio do acesso a uma carteira de 50 ações, com representatividade relevante no mercado de ações no Brasil.
2. Diversificação: por se tratar de 50 ações de empresas de setores diferentes, o investidor reduz seu risco específico aplicando no PIBB.

3. Economia de custo: como o PIBB, na Bovespa conhecido pelo código PIBB11, é o valor da cota de um fundo de investimento, o investidor de PIBB é, de fato, um investidor de fundo de investimento; esse fundo se caracteriza por uma taxa de administração de somente 0,059% do patrimônio líquido do fundo ao ano.
4. Listagem na Bovespa: as cotas do PIBB são negociadas livremente como qualquer outro ativo mobiliário na Bovespa, podendo assim serem utilizados como margem de garantia, doados ou tomados em aluguel, por exemplo.

214. Entendi que se eu investir em PIBB11, na verdade estarei investindo num fundo de investimentos. Como um fundo de investimentos qualquer, ele possui uma Política de Investimento. No caso do PIBB, qual é a sua Política de Investimentos?

Com relação à composição da carteira do fundo, para tentar replicar o IBrX-50, o gestor do fundo pode, além obviamente de comprar as ações componentes do índice nas suas respectivas proporções, ter investimentos em:

- ☐ Títulos públicos de emissão do Tesouro Nacional ou do Banco Central
- ☐ Títulos de renda fixa de emissão de instituições financeiras
- ☐ Quotas de outros fundos de investimento
- ☐ Operações compromissadas
- ☐ Operações com derivativos realizadas em bolsas de valores, em bolsas de mercadorias e futuros ou em mercados de balcão organizados

Esses demais tipos de investimento, permitidos ao gestor do PIBB, estão limitados a 5% (cinco por cento) do patrimônio líquido do fundo.

215. O que a política de Investimentos do PIBB diz sobre proventos?

Com relação aos proventos distribuídos pelas ações componentes do índice, a Política de Investimentos do PIBB assume que quaisquer cupons, recibos de subscrição, certificados de desdobramento, dividendos, juros sobre o capital próprio, bonificações ou outros direitos relativos às ações do IBrX-50 sejam imediatamente reinvestidos em ações como parte da carteira teórica do IBrX-50, adicionais na mesma proporção da composição da carteira teórica do IBrX-50, mesmo que tais direitos não sejam imediatamente pagos ou distribuídos.

216. E se a carteira do IBrX-50 mudar, o que acontece?

Se houver algum ajuste na carteira do IBrX-50 o gestor do fundo pode, a seu critério, escolher ajustar ou não a carteira do fundo a essas mudanças no índice. Essa liberdade é dada ao gestor pois, em determinados casos, o benefício do ajuste pode não cobrir os custos deste.

217. Como cotista do PIBB eu tenho direito de voto na Assembléia das Companhias Abertas componentes do Fundo?

A resposta é sim, você tem esse direito, mas, para exercê-lo, deve tomar emprestado do fundo o número de ações proporcional ao número de PIBBs que possui. Para efeito de registro, além deste, cabe dizer que você também tem direito a voto na Assembléia do próprio Fundo de Índice Brasil – 50 – Brasil Tracker (PIBB), como seria de se esperar.

218. Se quando eu compro o PIBB eu estou comprando cotas de fundo de investimento em ações, gostaria de saber se é possível fazer aplicações depositando as ações componentes do fundo em vez de dinheiro?

Formalmente, isso é possível, mas para tal o aplicador deve entregar ao Administrador do PIBB uma ou mais Carteiras Mínimas de Emissão e a respectiva Quantia de Ajuste de Emissão, ambas conforme definido no regulamento do PIBB. Cabe ressaltar que o investidor deve pagar uma taxa de 0,05% do valor das cotas ao administrador do PIBB.

219. Agora, se quando compro o PIBB, estou comprando cotas de fundo de investimento em ações, gostaria de saber se é possível fazer resgates recebendo as ações componentes do fundo e dinheiro.

Segundo a Bovespa a resposta é sim, ou seja, é possível resgatar as ações subjacentes do PIBB, desde que atendido o critério de que o resgate seja feito, por um mesmo cotista, em lotes que sejam múltiplos inteiros de 200.000 (duzentos mil) PIBBs. Não sendo este o caso, os quotistas somente poderão resgatar seu investimento por meio da venda de seus PIBBs no mercado secundário, ou seja, diretamente no pregão da Bovespa, pois não é possível fazer resgates em dinheiro. Cabe ressaltar que, quando do resgate em ações, o investidor deve pagar uma taxa de 0,05% do valor das cotas ao administrador do PIBB.

OS MARKET-MAKERS DE AÇÕES DA BOVESPA

220. O que é um market-maker?

Um market-maker, ou formador de mercado ou especialista, é um participante, em geral uma CCVM ou tesouraria de banco, que se presta a garantir liquidez mínima e referência de preço para ativos determinados.

221. Como é caracterizado um market-maker na Bovespa?

Segundo a Bovespa, o papel de Formador de Mercado pode ser desempenhado por qualquer CCVM, DTVM, banco de investimento ou múltiplo com carteira de investimentos que, ao se credenciar para exercer essa função, assume a obrigação de colocar no mercado, diariamente, ofertas firmes de compra (*bid*) e de venda (*offer*) com um *spread* máximo válido para uma quantidade mínima de ações predeterminadas.

Adicionalmente, um market-maker pode ser independente, quando não possui qualquer vínculo com a empresa emissora dos ativos nem com seus controladores ou detentores de ações, ou contratado, quando celebra um contrato com a empresa emissora dos ativos que representa, ou com um grupo controlador, controlado ou coligado ao emissor ou por qualquer detentor dos ativos que deseje formar mercado para estes.

222. Como são estabelecidos esse *spread máximo* e essa *quantidade mínima*?

Basicamente, o *spread* máximo é calculado com base na volatilidade da ação verificada ao longo de determinado período de tempo, enquanto a quantidade mínima é estabelecida pela Bovespa com uma função da quantidade média diária negociada.

223. Cada market-maker só pode ser Formador de Mercado para uma única ação?

Não, um mesmo market-maker pode ser especialista em mais de uma ação mas, segundo a Bovespa, deve solicitar seu credenciamento para cada ativo em que desejar atuar. Analogamente, uma mesma ação pode ter mais de um especialista atuando.

O MERCADO DE ALUGUEL DE AÇÕES DA BOVESPA

224. O que significa alugar uma ação?

Alugar uma ação, seja doando o aluguel ou tomando emprestado, é o ato, celebrado entre duas partes, no qual o doador disponibiliza ao tomador determinada quantidade de ações, por um prazo máximo predeterminado a determinada "taxa de aluguel".

225. O que é o chamado BTC?

Segundo a Bovespa, o BTC, ou Banco de Títulos CBLC, é o serviço por meio do qual investidores disponibilizam títulos para empréstimos e os interessados os tomam mediante aporte de garantias. A CBLC atua como contraparte no processo e garante as operações.

226. Que tipo de investidor pode se interessar em doar e em tomar emprestada uma ação?

Qualquer investidor que possui ações, seja pessoa física, jurídica institucional ou instituição financeira, que não precisará de suas ações por qualquer motivo durante o prazo do aluguel, é um potencial doador de ações. Já do lado dos tomadores a lista é a mesma, com exceção para os investidores institucionais que, dependendo do tipo, não há nenhum sentido tomar ações alugadas, como é o caso dos fundos de pensão.

227. Com que propósito um investidor toma uma ação emprestada?

Em geral, um investidor toma ações alugadas quando:

1. Acredita que o preço da ação cairá e quer se aproveitar disso fazendo uma venda a descoberto com recompra em pregão futuro.
2. Realiza uma operação de *long/short*.

228. Mas o que é uma operação de *long/short* com ações?

É uma operação que consiste na compra de uma ação e na venda de outra simultaneamente, tentando auferir lucro com a mudança relativa de preços entre essas ações.

De maneira genérica, digamos que o preço à vista de uma ação X seja Px e o preço à vista de uma ação Y seja Py. Uma operação do tipo long/short consiste em comprar (ou vender) quantidade predeterminada de ações de X e, simultaneamente, vender (ou comprar) o mesmo financeiro de ações de Y. Assim, o investidor está apostando num movimento relativo de preços entre X e Y, ou seja, num movimento da razão Px/Py.

229. E quais são as ações que um investidor pode tomar alugadas?

Qualquer ação listada na Bovespa é passível de contrato de aluguel. Para tanto, a ação deve estar depositada na CBLC e livre para negociação imediata.

230. Na prática, como funciona o aluguel de ações na Bovespa?

Em geral, os principais momentos da celebração de um contrato de aluguel na CBLC são os seguintes:

1. Disponibilização dos títulos, por parte do doador, no BTC, com informações sobre quantidade e a taxa requerida pelo aluguel.
2. O tomador vai direto ao BTC e escolhe uma das alternativas à disposição ou fecha o acordo de aluguel diretamente ou por intermédio de uma CCVM, no mercado de balcão não organizado, ou seja, via mesas de operações.
3. Uma vez acordadas as quantidades, a taxa de aluguel e o prazo, ambas as partes registram o contrato na CBLC, por meio de suas CCVMs.
4. A CBLC, então, procede à transferência das ações do doador para o tomador.
5. O tomador deposita a margem de garantia requerida pela CBLC, margem esta calculada com base no valor de mercado das ações, acrescido de um percentual calculado com base na liquidez e a volatilidade das ações-objeto do empréstimo. Cabe ressaltar que esse valor, de acordo com a Bovespa, é atualizado diariamente e recomposto, se necessário, na forma e nos prazos estabelecidos pela CBLC; após o depósito da margem pelo tomador, os títulos são liberados pela CBLC.

231. Qual é base de cálculo do custo do empréstimo?

Como dito, o tomador tem como custo a taxa pactuada com o doador acrescida da taxa de comissão da CCVM e do emolumento da CBLC de 0,25% a.a. Já o doador tem como receita líquida a taxa pactuada decrescida do imposto de renda retido na fonte. A base de cálculo dos custos e emolumentos é obtida pela multiplicação da quantidade de títulos emprestados pela cotação média de mercado verificada no dia útil imediatamente anterior à data de registro da operação de empréstimo. As taxas são expressas em bases anuais, com capitalização composta por 252 dias úteis.

232. Qual é o prazo mínimo e máximo para as operações de empréstimo?

Não existe prazo máximo, somente prazo mínimo, que é de um dia útil.

233. O que acontece quando uma ação doada recebe proventos?

Segundo a CBLC, durante a vigência do empréstimo é o doador original das ações quem tem direito ao recebimento dos proventos. Agora, cabe ressaltar que é o tomador – que não vendeu à vista as ações objeto do empréstimo – quem tem o direito a participar da assembléia e votar.

234. Se eu doar ações emprestadas na Bovespa/CBLC, corro o risco de não recebê-las de volta?

A resposta é sim, corre. Mas, para mitigar esse risco, a Bovespa/CBLC procede com:

- ☐ Exigência de aporte de garantias do tomador com cálculo diário e exceção destas em caso de inadimplemento.
- ☐ Compra compulsória, em caso de inadimplemento, dos ativos devidos ao doador.
- ☐ Aplicação de multa de 0,2% ao dia.

ÍNDICES DE AÇÕES

Definições Genéricas

235. O que é um índice de ações?

Um índice de ações é um indicador do desempenho de uma carteira teórica de ações.

236. E o que é carteira teórica?

É um grupo de ações, no qual se faz um investimento teórico representado pelo índice, isto é, são as ações escolhidas para compor o índice.

237. Que tipos de índices de ações existem?

Basicamente, são três os tipos de índices de ações, a saber:

1. Índice de preços: toma apenas as variações dos preços das ações, ajustando as quantidades teóricas exclusivamente para proventos em ações. Proventos em dinheiro não são levados em consideração na apuração desse tipo de índice de ações; por exemplo: Dow Jones Industrial Average.
2. Índice de retorno total: é um índice de preços acrescido do reinvestimento de dividendos, juros sobre o capital próprio e demais proventos distribuídos. Os proventos são reinvestidos no índice na data "ex-direito" (data em que a ação começa a ser negociada com o provento já descontado de seu valor); por exemplo: Ibovespa.
3. Índice amplo: representa o mercado como um todo, podendo conter todas as ações listadas em determinada bolsa de valores ou grupo de ações com relevância no desempenho médio de todas as ações; por exemplo: IBX-100.
4. Índice restrito: representa uma parte do mercado somente. Em geral, divide-se por alguma característica em comum ou por liquidez; por exemplo: IBGC.
5. Índice setorial: representa um setor econômico específico; por exemplo: ITEL.

Índices de Ações Internacionais

238. Quais são as 15 principais Bolsas de Valores Valores do Mundo?

Sem dúvida alguma devemos elencar, em ordem alfabética:

- ☐ Bolsa de Valores da Austrália (ASE)
- ☐ Bolsa de Valores de Frankfurt (Deutsche Börse)
- ☐ Bolsa de Valores de Hong Kong
- ☐ Bolsa de Valores de Johannesburg (África do Sul)
- ☐ Bolsa de Valores da Coréia

- ☐ Bolsa de Valores de Londres
- ☐ Bolsa de Valores de Madri
- ☐ Bolsa de Valores de Milão (Borsa Italiana)
- ☐ Bolsa de Valores de Moscou
- ☐ NASDAQ
- ☐ NYSE Euronext
- ☐ Bolsa de Valores de São Paulo
- ☐ Bolsa de Valores de Shanghai
- ☐ Bolsa de Valores de Taiwan
- ☐ Bolsa de Valores de Tóquio

239. Quais são os principais Índices de Ações do mundo?

1. Estados Unidos
   a. Dow Jones
   b. S&P 500
   c. NASDAQ Composite
2. Ásia
   a. Nikkei 225
   b. Hang Seng
   c. KOSPI
   d. Shangai Composite
3. Europa
   a. FTSE 100
   b. DAX
   c. CAC 40
4. América Latina (ex-Brasil)
   a. MERVAL
   b. IPC

240. Quais são as principais características do índice Dow Jones?

Criado em 1896, o Dow Jones Industrial Average reúne 30 empresas que são selecionadas de acordo com a descrição dos editores do jornal *The Wall Street Journal*, não havendo critério formal pre-estabelecido, a não ser que os componentes sejam empresas-líderes em seus segmentos, sendo que o índice não está limitado a empresas tradicionalmente industriais. Em vez disso, o índice serve como medida do mercado dos Estados Unidos como um todo, cobrindo desde indústrias, passando por serviços financeiros, tecnologia, varejo, entretenimento e bens de consumo. Outra característica relevante é que é um índice ponderado de preços, em vez de ser um índice por capitalização de mercado.

241. Quais são as principais características do índice S&P 500?

É um índice desenvolvido pela agência de avaliação de risco Standard & Poor's e que consiste, como o próprio nome deixa claro, de 500 ações escolhidas por capitalização de mercado e liquidez basicamente. É ponderado por valor de mercado.

242. Quais as principais características do índice NASDAQ Composite?

Criado em 1971, mede o desempenho de todas as ações ordinárias americanas e não-americanas que são listadas na NASDAQ (National Association of Securities Dealers Automated Quotations system). A metodologia de cálculo se baseia em um ínidce de ponderação por capitalização de mercado.

243. Qual é o critério de elegibilidade para uma ação ser incluída no NASDAQ Composite?

Para poder ser incluída no índice, uma ação deve ser negociada EXCLUSIVAMENTE na NASDAQ ou ter listagem em outra bolsa anterior a 1.º/02/2004. Os ativos que não podem ser incluídos no índice são os fundos fechados, os ETFs (exchange traded funds), debêntures conversíveis, ações preferenciais, direitos, *warrants* e *units*.

244. Quais são as principais características do índice Nikkei?

Criado em 7 de setembro de 1950 e calculado retroativamente até 16 de maio de 1949, esse índice engloba 225 empresas negociadas na Bolsa de Valores de Tóquio. É o índice de ações mais importante da Ásia. Seu nome advém do nome do jornal que o calcula, o Nihon Keizai Shimbun (Nikkei). É um índice ponderado por preço.

245. Quais são as principais características do índice Hang Seng?

O Índice Hang Seng é um índice de ações ponderado por capitalização de mercado da Bolsa de Valores de Hong Kong. Seu cálculo foi inciado em 24 de novembro de 1969 e é realizado pela HSI Services Ltd., subsidiária do Hang Seng Bank.

246. Quais são as principais características do índice KOSPI?

KOSPI (Korea Composite Stock Price Index) é um índice composto por TODAS as empresas listadas na Bolsa de Valores da Coréia do Sul. Como o Hang Seng, é um índice com peso por capitalização de mercado.

247. Quais são as principais características do índice Shangai Composite?

É um índice de ações constituído por todas as ações listadas (dos tipos A e B) na Bolsa de Valores de Shangai. A data de início de cálculo é 19 de dezembro de 1990 e a data de lançamento foi 15 de julho de 1991.

248. Quais são as principais características do índice FTSE 100?

Criado em 3 de janeiro de 1984, é um índice com as cem empresas de maior capitalização de mercado negociadas na Bolsa de Valores de Londres. Esse índice é tido como termômetro da economia da Inglaterra. Seu nome advém da expressão Financial Times Stock Exchange, que era o nome da joint-venture entre o *Financial Times* e a Bolsa de Valores de Londres que deu origem ao FTSE Group.

Cabe ressaltar que existem ainda:

- ☐ O índice FTSE 250, que lista as empresas situadas da 101ª a 250ª posição em termos de capitalização de mercado.
- ☐ O índice FTSE 350, que nada mais é do que a agregação do FTSE 100 com o FTSE 250.
- ☐ O índice FTSE SmallCap.
- ☐ O índice FTSE All-Share, que agrega os dois últimos.

249. Quais são as principais características do índice DAX?

O DAX 30 (Deutsche Aktien Xchange 30) é o índice da Bolsa Valores de Frankfurt, na Alemanha, e é composto pelas trinta maiores empresas da Alemanha. Foi criado em 1987.

250. Quais são as principais características do índice CAC 40?

O CAC 40 (Cotation Assistée en Continu) é o indicador da Bolsa de Valores de Paris e foi criado em 1987. O índice é uma medida da capitalização de mercado das quarenta maiores empresas listadas na Bolsa de Paris. Seu valor-base data de 31 de dezembro de 1987. Em 1º de dezembro de 2003, tornou-se um índice com ponderação por *free-float*.

251. Quais são as principais características do índice MERVAL?

O MERVAL é o principal índice da Bolsa de Valores de Buenos Aires. É ponderado por preços, como é o DJIA, de ações selecionadas de acordo com a participação no mercado e número de negócios. A atualização do índice ocorre a cada três meses.

252. Quais são as principais características do índice IPC?

O IPC (Indice de Precios y Cotizaciones) é o principal indicador da Bolsa de Valores do México. A ponderação do IPC é feita por capitalização de mercado de cada ação componente. A revisão é anual.

Índices de Ações no Brasil

253. E no Brasil, quais são os principais índices de ações que existem?

São 11 os principais índices de ações calculados no Brasil, dez pela Bovespa e um pela Fundação Getulio Vargas:

1. Índice Bovespa – Ibovespa
2. Índice Brasil 50 – IBrX-50
3. Índice Brasil – IBrX
4. Índice de Sustentabilidade Empresarial – ISE

5. Índice Setorial de Telecomunicações – ITEL
6. Índice de Energia Elétrica – IEE
7. Índice do Setor Industrial – INDX
8. Índice Valor Bovespa – IVBX-2
9. Índice de Ações com Governança Corporativa Diferenciada – IGC
10. Índice de Ações com Tag Along Diferenciado – ITAG
11. FGV-100

254. O que é o Índice Bovespa – Ibovespa?

É o índice de ações mais antigo do Brasil. Foi criado em 2 de janeiro de 1968. Seu objetivo é medir a evolução média dos negócios à vista em **lote-padrão** na Bovespa.

255. Quais são os critérios de inclusão de uma ação no Ibovespa?

O Ibovespa é formado pelas ações que passam pelo crivo dos seguintes critérios:
1. Incluem-se em uma relação de ações cujos índices de negociabilidade, somados, nos últimos 12 meses anteriores, representem 80% do valor acumulado de todos os índices individuais.
2. Apresentam participação, em termos de volume, superior a 0,1% do total.
3. São negociadas em mais de 80% do total de pregões do período de 12 meses anteriores à avaliação.

256. Quais são os critérios para exclusão de uma ação do Ibovespa?

Em termos de exclusão, o Ibovespa é um caso especial, pois uma ação selecionada para compor a carteira só deixa de compô-la quando não consegue atender a pelo menos dois dos critérios de inclusão anteriormente indicados.

257. Quais são os critérios de ponderação do Ibovespa?

O percentual de cada ação no Ibovespa é determinado pelo *Índice de Negociabilidade* dessa ação em relação direta com a representatividade desse título.

258. Em que consiste, então, esse índice de negociabilidade?

É um índice que mede a representatividade de cada ação no mercado à vista da Bovespa (sempre em lote-padrão), em termos de número de negócios e volume financeiro. Matematicamente,

$$IN = \sqrt{\frac{ni}{N} \times \frac{vi}{V}}$$

em que:
IN = índice de negociabilidade
ni = número de negócios com a ação "i" no mercado à vista (lote-padrão)
N = número total de negócios no mercado à vista da Bovespa (lote-padrão)
vi = volume financeiro gerado pelos negócios com a ação "i" no mercado à vista (lote-padrão)
V = volume financeiro total do mercado à vista da Bovespa (lote-padrão)

259. O que é o Índice Brasil 50 – IBrX-50?

O IBrX-50 é um índice de ações que mede o retorno total de uma carteira teórica composta por 50 ações com maior índice de negociabilidade, mas ponderadas pelo valor de mercado das ações disponíveis à negociação, isto é, fora do bloco de controle, ou seja, somente as ações de *free-float* contam.

260. Quais são os critérios de inclusão de uma ação no IBrX-50?

No IBrX-50 encontram-se as ações que atendem cumulativamente aos critérios a seguir:

1. Ser uma das 50 ações com maior índice de negociabilidade apurados nos 12 meses anteriores à reavaliação.
2. Ter sido negociada em pelo menos 80% dos pregões ocorridos nos 12 meses anteriores à formação da carteira.

261. O que é o Índice Brasil – IBrX?

O IBrX – Índice Brasil é a réplica do IBrX-50, com a diferença de que é composto por 100 e não por 50 ações. Os critérios de elegibilidade, inclusão e exclusão são exatamente os mesmos, com exceção para o fato de que a ação deve ter sido negociada em 70% dos pregões ocorridos nos 12 meses anteriores à formação da carteira, e não em 80%, como no caso do IBrX-50.

262. O que é o Índice de Sustentabilidade Empresarial (ISE)?

O ISE (Índice de Sustentabilidade Empresarial) é um índice de ações que se propõe a medir o retorno total de uma carteira teórica composta por ações de empresas com reconhecido comprometimento com a responsabilidade social e a sustentabilidade empresarial.

263. Quais são os critérios de elegibilidade de uma ação para ser incluída no ISE?

Sua composição consiste nos 40 papéis mais bem classificados em termos de responsabilidade social e sustentabilidade (escolhidos dentre os mais líquidos da Bovespa), de acordo com critérios de seleção e classificação referendados pelo Conselho Deliberativo do Índice de Sustentabilidade Empresarial.

264. Quais são os critérios de inclusão de uma ação no ISE?

Para poder ser incluída no ISE, uma ação precisa:

1. Ser uma das 150 ações com maior índice de negociabilidade apurados nos 12 meses anteriores à reavaliação.
2. Ter sido negociada em pelo menos 50% dos pregões ocorridos nos 12 meses anteriores à formação da carteira.
3. Atender aos critérios de sustentabilidade referendados pelo Conselho do ISE.

265. Quais são os critérios para exclusão de uma ação do ISE?

Além dos critérios gerais adotados pela Bovespa para todos os índices de ações por ela calculados, uma ação pode ser excluída do

ISE se, durante a vigência da carteira, ocorrer algum acontecimento que altere significativamente seus níveis de sustentabilidade e responsabilidade social.

266. O que é o Índice de Telecomunicações – ITEL?

O Índice Setorial de Telecomunicações (ITEL) é um índice de ações que se propõe a medir o comportamento do setor de telecomunicações na Bovespa. O índice inclui tanto ações de empresas de telefonia fixa quanto de empresas de telefonia celular listadas na Bovespa.

267. Quais são os critérios de inclusão de uma ação no ITEL?

Fazem parte do ITEL as ações que atendem aos seguintes critérios:

1. Participação em termos de volume financeiro superior a 0,01% do volume do mercado à vista (lote-padrão) nos últimos 12 meses.
2. Participação em termos de presença em pregão superior a 80% nos últimos 12 meses.
3. Valor mínimo de *free-float* de R$20 milhões.

Cabe ressaltar que uma mesma empresa pode ter mais de uma ação participando do índice, desde que cada ação atenda isoladamente aos critérios de inclusão.

268. Quais são os critérios para exclusão de uma ação do ITEL?

Além dos critérios normais e gerais que veremos ainda neste capítulo, uma ação é excluída do ITEL se, quando das reavaliações periódicas, a empresa emissora alterar sua área de atuação principal (mudando de setor).

269. Quais são os critérios de ponderação do ITEL?

Novamente, o critério de ponderação é o valor de mercado no tipo pertencente ao ITEL das ações de *free-float*. Além disso, a participação de uma empresa no ITEL (considerando a soma das participações das ações de sua emissão participantes do índice) não pode ser maior do que 20%, quando de sua inclusão ou nas reavaliações periódicas.

270. O que é o Índice de Energia Elétrica (IEE)?

O IEE (Índice de Energia Elétrica) é um índice de ações que tem como objetivo medir o comportamento do setor de energia elétrica na Bovespa.

271. Quais são os critérios de inclusão de uma ação no IEE?

Podem ser incluídas no índice as ações de empresas do setor de energia elétrica que passem pelos seguintes critérios:

1. Participação em termos de volume financeiro igual a, no mínimo, 0,01% do volume do mercado à vista (lote-padrão) da Bovespa nos últimos 12 meses.
2. Ter sido negociada em, no mínimo, 80% do total de pregões do período.
3. Ter apresentado, no mínimo, dois negócios/dia em, pelo menos, 80% dos pregões em que foi negociada.

Se uma empresa tiver mais de uma ação que passe pelos critérios, somente o tipo de maior índice de negociabilidade no período é incluído no IEE.

272. Quais são os critérios para exclusão de uma ação do IEE?

Além dos critérios gerais, uma ação é excluída do IEE se, nas reavaliações periódicas, apresentar menos de 70% de presença nos pregões do período de reavaliação ou, também, se deixar de atender a um dos outros critérios de inclusão.

273. Quais são os critérios de ponderação do IEE?

O peso de cada ação no IEE é igual para todas. Porém, cabe ressaltar que, matematicamente, embora iguais no início de cada quadrimestre, os pesos das ações no IEE, durante um período quadrimestral, podem mudar com a evolução dos preços individuais de cada ação.

274. O que é o Índice do Setor Industrial (INDX)?

O INDX (Índice do Setor Industrial) é um índice que mede o retorno total de uma carteira teórica composta pelas ações do setor industrial negociadas na Bovespa.

275. Quais são os critérios de inclusão de uma ação no INDX?

Fazem parte do INDX as ações que atendem aos critérios seguir:

1. Ser emitida por uma empresa classificada em um dos subsegmentos do setor industrial, de acordo com critérios preestabelecidos pela Bovespa.
2. Ser uma das 150 ações com maior índice de negociabilidade apurados nos 12 meses anteriores à formação da carteira.
3. Ter sido negociada em, pelo menos, 70% dos pregões ocorridos nos 12 meses anteriores à formação da carteira.

276. Quais são os critérios para exclusão de uma ação do INDX?

Além dos critérios gerais que veremos ainda neste capítulo, uma ação é excluída do INDX se, durante a vigência da carteira, a empresa emissora alterar sua área de atuação principal (mudando de setor).

277. Quais são os critérios de ponderação do INDX?

O INDX também tem ponderação pelo valor de mercado – no tipo pertencente à carteira – das ações de *free-float*. Cabe ressaltar que a participação de uma empresa no INDX (considerando todos os tipos de ações da empresa, se for o caso) não pode ser maior do que 20%, quando das reavaliações periódicas.

278. O que é o Índice Valor Bovespa 2 linha (IVBX-2)?

É um índice de ações desenvolvido pela Bovespa e pelo jornal *Valor Econômico*. Seu objetivo é medir o retorno de uma carteira hipotética constituída exclusivamente por papéis emitidos por empresas classificadas a partir da 11ª posição, em índice de negociabilidade, tanto em termos de valor de mercado como de liquidez de suas ações.

279. Quais são os critérios de inclusão de uma ação no IVBX-2?

No IVBX-2 são incluídas as 50 empresas que, tendo atendido aos critérios de elegibilidade, passem pelo crivo dos seguintes critérios:

1. Estarem classificadas a partir da 11ª posição, em termos de índice de negociabilidade medido nos últimos 12 meses.
2. Não apresentarem os 10 maiores valores de mercado da amostra.
3. Não possuírem outro tipo classificado entre os 10 primeiros índices de negociabilidade.
4. Terem presença em pregão acima de 70%.

Qualquer empresa só pode participar do IVBX-2 com seu tipo mais líquido de ação, ou seja, aquele de maior índice de negociabilidade no período.

280. Quais são os critérios de ponderação do IVBX-2?

O IVBX2 é ponderado pelo valor de mercado da empresa no tipo de ação incluída no índice. Como é de se esperar, o valor de mercado leva em consideração as ações disponíveis para negociação, ou seja, as ações de *free-float*.

281. O que é o Índice das Ações com Governança Corporativa Diferenciada (IGC)?

O IGC (Índice de Ações com Governança Corporativa Diferenciada) é um índice de ações que mede desempenho de uma carteira teórica composta por ações de empresas que apresentem bons níveis de governança corporativa. Tais empresas devem ser negociadas no Novo Mercado ou estar classificadas nos Níveis 1 ou 2 da Bovespa.

282. Quais são os critérios de elegibilidade de uma ação para ser incluída no IGC?

Elegem-se à inclusão na carteira teórica do índice todas as ações emitidas por empresas negociadas no Novo Mercado ou classificadas nos Níveis 1 e 2 da Bovespa.

283. Quais são os critérios de inclusão de uma ação no IGC?

Se uma empresa atender ao critério de elegibilidade, ela, automaticamente, é incluída no índice, ou seja, são incluídas na carteira do índice todas as empresas admitidas à negociação no Novo Mercado e nos Níveis 1 e 2 da Bovespa. No caso de ações de empresas que tenham realizado a primeira oferta primária, estas são incluídas após o encerramento do primeiro pregão regular de negociação; no caso de ações de empresas já negociadas na Bovespa que comecem a ser negociadas no Novo Mercado ou no Nível 1 ou 2, suas ações são incluídas após o encerramento do pregão anterior a seu início de negociação nesse segmento.

Cabe ressaltar que, uma vez a empresa tendo aderido aos Níveis 1 ou 2 da Bovespa, todos os tipos de ações de sua emissão participarão da carteira do índice, exceto se sua liquidez for considerada irrelevante.[1]

284. Quais são os critérios de ponderação do IGC?

A ponderação do IGC se dá pela multiplicação de seu respectivo valor de mercado, considerando as ações para *free-float*, por um fator de governança. Esse fator é igual a:

- ☐ 2 para os papéis do Novo Mercado
- ☐ 1,5 para os papéis do Nível 2
- ☐ 1 para os títulos do Nível 1

Além disso, a participação de uma empresa (considerando todos os papéis de sua emissão inclusos na carteira teórica) no IGC não

---

[1] A Bovespa não deixa explícito o critério de liquidez utilizado.

poderá ser superior a 20% quando de sua inclusão ou nas reavaliações periódicas. Caso isso ocorra, serão efetuados ajustes para adequar o peso do papel a esse limite.

285. O que é o Índice de Ações com *Tag Along* Diferenciado (ITAG)?

É um índice de ações criado pela Bovespa para medir o desempenho de uma carteira teórica composta por ações de empresas que ofereçam melhores condições aos acionistas minoritários, no caso de alienação do controle.

286. Quais são os critérios de elegibilidade de uma ação para ser incluída no ITAG?

Para ser incluída no ITAG, uma ação deve ser de uma empresa que conceda *tag along* superior em relação à legislação aplicável, a qual estabelece que as companhias abertas devem oferecer, a todas as ações ordinárias minoritárias, *tag along* de 80% em relação ao preço obtido pelo controlador, no caso de alienação de controle. Dessa forma, as ações ordinárias cujas companhias oferecem percentual maior de *tag along*, e/ou as ações preferenciais cuja companhia oferece *tag along* em qualquer percentual são elegíveis ao ITAG.

287. Quais são os critérios de inclusão de uma ação no ITAG?

São incluídas no ITAG as ações que, sendo elegíveis, tenham sido negociadas em, pelo menos, 30% dos pregões ocorridos nos 12 meses anteriores à formação da carteira. No caso de ações de empresas que tenham realizado a primeira oferta primária, estas são incluídas após o encerramento do primeiro pregão regular de negociação e, no caso de ações de empresas já negociadas na Bovespa que passarem a oferecer *tag along* diferenciado, são incluídas a partir do pregão seguinte à comunicação de sua decisão à Bovespa.

288. Quais são os critérios de ponderação do ITAG?

A ponderação do ITAG é feita por valor de mercado (no tipo pertencente à carteira) de suas ações de *free-float*. Além disso, a participação de uma ação ou empresa (caso mais de um tipo pertença ao índice) no ITAG e não pode ser superior a 20%, quando de sua inclusão ou nas reavaliações periódicas.

289. Quais são as regras da Bovespa que são aplicadas a todos os índices de ações por ela criados/calculados com relação à vigência das carteiras?

Todas as carteiras de todos os índices possuem vigência de quatro meses, vigorando para os períodos de janeiro a abril, maio a agosto e setembro a dezembro.

290. Quais são as regras da Bovespa que são aplicadas a todos os índices de ações por ela criados/calculados com relação ao tratamento de proventos?

- ☐ Ajustes para proventos em ações do mesmo tipo – bonificações, desdobramentos, grupamentos e subscrições: aqui, após o último dia de negociação "com-direito", o valor de mercado da empresa na ação/tipo é recalculado. Para tanto, utiliza-se a quantidade teórica ajustada ao provento distribuído e o preço "ex-teórico" da ação. O valor assim obtido servirá como base para comparação da evolução dessa ação no pregão seguinte. No caso de grupamentos por parte das empresas emissoras, a quantidade teórica é reduzida na proporção determinada pela empresa e é calculado um preço "ex-teórico" especial, de forma a manter o valor econômico da empresa na ação/tipo inalterado. Além dessas situações, sempre que a empresa emissora comunicar a ocorrência de fatos que impliquem alterações na quantidade total de seus títulos como conversão de debêntures em ações, cancelamentos de ações e conversão de um tipo de ação em outro são efetuados os ajustes pertinentes e, se necessário, o redutor do índice é alterado.
- ☐ Proventos em dinheiro ou outros eventos: após o encerramento do pregão referente ao último dia de negociação "com-direito", o valor de mercado da empresa na ação/tipo é recalculado, mantendo-se inalteradas as quantidades teóricas dessas ações na carteira e utilizando-se o seu preço

"ex-teórico". Esse valor serve como base para comparação da evolução das cotações da ação no dia seguinte. Caso necessário, o redutor do índice é alterado.

291. Quais são as regras da Bovespa que são aplicadas a todos os índices de ações por ela criados/calculados para o caso de cisão de empresas?

☐ Quando do anúncio/efetivação da cisão: o anúncio da decisão da empresa emissora de efetuar uma cisão não altera sua situação na carteira teórica do índice. Após a efetivação da cisão e enquanto se aguarda a operacionalização/registro das empresas resultantes, essas companhias serão consideradas unidade de negociação e permanecerão na carteira do índice ("com-cisão"). Para efeitos de negociação na Bovespa, a efetivação da cisão significa o ato pelo qual as ações das empresas oriundas da cisão passam a ser negociadas em pregão.

☐ Quando do início da negociação em bolsa das empresas resultantes da cisão, a carteira teórica do índice incluirá as empresas resultantes da cisão, caso atendam ao(s) critério(s) de elegibilidade e inclusão de cada índice.

292. Quais são as regras da Bovespa que são aplicadas a todos os índices de ações por ela criados/calculados para o caso de ofertas públicas de aquisição de ações?

Sempre que uma empresa efetuar uma oferta pública que resulte na aquisição de parte relevante de suas ações em circulação, a Bovespa pode adotar um dos dois procedimentos:

1. Retirar do índice o percentual do capital em circulação que foi comprado pela empresa.
2. Retirar a ação do índice.

Em qualquer um dos casos, será efetuado um ajuste no redutor do índice.

293. Quais as regras da Bovespa que são aplicadas a todos os índices de ações por ela criados/calculados para os casos de incorporação?

- ☐ Quando uma empresa com ação no índice incorpora empresa cujas ações também pertencem ao índice, então as ações da empresa incorporadora permanecem no índice.
- ☐ Quando uma empresa com ação no índice incorpora empresa cujas ações não pertencem ao índice, então as ações da empresa incorporadora permanecem no índice.
- ☐ Quando uma empresa com ação no índice é incorporada por empresa cujas ações não pertencem ao índice, então existe análise caso a caso, podendo a Bovespa, a seu critério:
  - ☐ excluir a ação do índice;
  - ☐ substituir a ação da empresa incorporada pela da incorporadora.

Em qualquer situação, serão efetuados ajustes no redutor e utilizadas as novas quantidades de ações da empresa.

294. Quais são as regras da Bovespa aplicadas a todos os índices de ações por ela criados/calculados para exclusão de ações?

São excluídas de qualquer índice as ações que, pertencendo a algum índice:

- ☐ nas reavaliações periódicas, deixarem de atender aos critérios de elegibilidade e inclusão determinados para o referido índice;
- ☐ se, durante a vigência da carteira, a empresa emissora entrar em regime de recuperação judicial ou falência;
- ☐ no caso de oferta pública que resultar em retirada de circulação de parcela significativa de ações da empresa do mercado, suas ações serão excluídas da carteira.

295. O que é o FGV-100?

É um índice de ações calculado pela Fundação Getulio Vargas desde 1986, composto por cem empresas privadas não-financeiras. As revisões são anuais.

296. Quais são os critérios de inclusão de uma empresa no FGV-100?

Para fazer parte do FGV-100, uma empresa deve atender aos critérios de:

1. Excelência Empresarial: critério baseado no porte da empresa e em seu desempenho econômico-financeiro, medidos a partir dos resultados expressos em seus demonstrativos contábeis.
2. Liquidez: critério baseado na presença, em dias de negociação, no número de negócios, no número de títulos negociados e no volume de recursos transacionados.

297. Qual é o critério de ponderação do FGV-100?

O peso de cada papel/empresa na carteira teórica é estimado com base em seu patrimônio líquido.

CAPÍTULO 5

Instituições e Sistemas de Realização, Registro, Custódia e Liquidação de Negócios e Títulos no Brasil

Sim, confio nelas. Se não confiasse, não conseguiria dormir à noite.

ANÔNIMO

Motivação

A regra número 1 da vida, "Bola na Trave não é Gol", aplica-se perfeitamente ao maior mercado do mundo, o mercado financeiro. De nada adianta entender como investir e ganhar dinheiro investindo se sua contraparte não lhe pagar. Portanto, a existência de instituições que controlem e gerenciem o risco de crédito inerente à transferência de ativos e dinheiro é parte essencial da saúde financeira de um país.

Sendo assim, este capítulo tem o intuito de lhe apresentar não só essas instituições e seus sistemas de realização, registro, custódia e liquidação de negócios e títulos no Brasil mas, principalmente, seus procedimentos e metodologias de regulação e funcionamento. Estes sim, devem ser obedecidos à risca para evitar qualquer problema em termos de liquidação de operações.

Logo, falaremos com algum nível de detalhe das instituições que exercem esse papel no Brasil – cada uma em seu nicho de mercado – ou seja, da CETIP, da Bovespa, da CBLC e da BM&F e seus procedimentos.

Saliento que este capítulo está longe de exaurir todos os tópicos relacionados ao assunto. **Aproveito, então, para sugerir uma visita aos websites dessas instituições e, em especial, uma leitura nos manuais operacionais e regulamentos destas.**

CETIP

298. O que é a CETIP?

A CETIP (Câmara de Custódia e Liquidação) é uma empresa de registro, negociação, custódia e liquidação financeira de negócios e títulos, sem fins lucrativos, que objetiva dar suporte aos participantes de mercado na realização de suas transações.

299. Que tipo de instituições fazem parte da CETIP?

Seja como sócios ou participantes não-associados, a CETIP é formada por bancos, CCVMs, DTVMs, fundos de investimento e pessoas jurídicas não financeiras, como seguradoras e fundos de pensão.

300. Quais são as principais características do serviço de custódia da CETIP?

- ☐ Tipos de ativos custodiados: títulos e valores mobiliários de emissão privada, derivativos, títulos emitidos por estados e municípios e ativos utilizados como moeda de privatização.
- ☐ A custódia é escritural.
- ☐ É necessário o registro eletrônico na conta aberta em nome do titular, onde são depositados os ativos por ele adquiridos.
- ☐ Transferência de custódia efetuada via liquidação financeira no modo DVP (Delivery Versus Payment).

301. Quais são as principais características do serviço de liquidação financeira da CETIP?

- ☐ Adoção do modo DVP: o vendedor de um ativo só fica sem o ativo quando ele é previamente liquidado financeiramente pela CETIP, após pagamento pelo comprador.
- ☐ Quatro tipos de liquidação, dependendo do tipo de operação:
  - ☐ Compensação multilateral na CETIP, com liquidação financeira no STR (Sistema de Transferência de Reservas do Banco Central) – para operações do mercado primário.
  - ☐ Compensação bilateral na CETIP, com liquidação financeira no STR – para operações de swap.
  - ☐ Liquidação pelo valor bruto no STR – para operações do mercado primário ou secundário.
  - ☐ Liquidação pelo valor bruto, por meio de Book Transfer (transferência de valor entre contas de um mesmo banco liquidante) – para operações do mercado primário ou secundário.

302. O que é o CETIPNET?

É uma plataforma de negociação eletrônica. Dentro dessa "plataforma" é possível negociar e cotar ativos, além de realizar leilões de colocação primária ou secundária, ou seja, o CETIPNET possui três módulos:

☐ Módulo de Cotação
☐ Módulo de Negociação
☐ Módulo de Leilões

303. Quais são as principais características de cada um desses módulos?

Em geral, podemos dizer que:

1. Módulo de cotação
   Segue procedimento operacional conforme a seguir:
   a. o participante cadastra uma solicitação de cotação
      i. tomadora ou doadora de recursos
      ii. de compra ou venda de títulos públicos e privados e valores mobiliários
   b. o próprio sistema dirige a cotação a participantes predeterminados ou a todos os participantes cadastrados
   c. se houver resposta por mais de uma instituição, o resultado é divulgado para todos que fizeram propostas
2. Módulo de negociação
   a. os negócios são on-line
   b. os ativos podem ser títulos de renda fixa (públicos e privados) e valores mobiliários
3. Módulo de leilões
   a. ativos podem ou não estar custodiados na CETP
   b. leilões por taxa ou PU
   c. leilões normais ou reversos
   d. leilões do tipo holandês ou competitivo

BOVESPA

304. O que é a Bolsa de Valores de São Paulo?

É o local onde se compram e se vendem as ações de companhias. A Bolsa constitui uma associação civil sem fins lucrativos, com autonomia administrativa, financeira e patrimonial.

305. O que é o Bovespa MAIS?

Segundo a própria Bovespa, o Bovespa MAIS (Mercado de Ações para o Ingresso de S.A.) é um segmento de listagem que tem por meta atender a companhias que objetivem acessar de forma plena o mercado de capitais no Brasil. O fato de fazer parte do Bovespa MAIS faz com que a empresa se torne "visível" ao mercado.

306. Quais são as principais diferenças entre o segmento TRADICIONAL de listagem de ações na Bovespa e o BOVESPA MAIS?

Segmento de Listagem	Bovespa MAIS	TRADICIONAL
Percentual Mínimo de Ações em Circulação (free-float)	25% de free-float até o sétimo ano de listagem	Não há regra
Características das Ações Emitidas	Somente ações ON podem ser negociadas e emitidas, mas é permitida a existência de PN	Permite a existência de ações ON e PN
Conselho de Administração	Mínimo de três membros (conforme legislação)	Mínimo de três membros
Demonstrações Financeiras Anuais Padrão Internacional	Facultativo	Facultativo
Concessão de Tag Along	100% para ações ON	80% para ações ON
Adoção da Câmara de Arbitragem do Mercado	Obrigatório	Facultativo

307. O que é o Bovespa FIX?

É um ambiente de negociação, liquidação e custódia de títulos de renda fixa privada em bolsa de valores. A negociação nesse ambiente é feita de forma eletrônica.

308. O que é o SOMA FIX?

Como o Bovespa FIX, é um ambiente de negociação, liquidação e custódia de títulos de renda fixa privada, porém em mercado de balcão organizado. A negociação também é realizada de forma eletrônica.

309. Como são realizadas as liquidações das operações realizadas no Bovespa FIX e no SOMA FIX?

Todas as liquidações, físicas e financeiras, são realizadas pela CBLC de duas formas diferentes: Liquidação Bruta ou Liquidação pelo Líquido.

310. Quais são as diferenças entre a liquidação bruta e a liquidação pelo líquido utilizadas pela CBLC nas liquidações de negócios realizados no Bovespa FIX ou no SOMA FIX?

- ☐ Modalidade de Liquidação pelo Líquido
    - ☐ Modalidade disponível somente no Bovespa FIX.
    - ☐ A CBLC atua como contraparte central garantidora da liquidação das operações realizadas.
    - ☐ A liquidação é processada pelo saldo líquido multilateral de títulos e recursos.
    - ☐ Podem ser liquidadas em D+0 ou D+1, conforme opção dos participantes.
- ☐ Modalidade de Liquidação pelo Bruto
    - ☐ Modalidade disponível tanto no Bovespa FIX como no SOMA FIX.
    - ☐ A CBLC não atua como contraparte central garantidora da liquidação das operações.
    - ☐ Utilização do modo de liquidação DVP (*delivery versus payment*).
    - ☐ A liquidação em reservas é processada operação a operação em D+0.

311. Quais são os ativos negociados no BOVEPA FIX ou no SOMA FIX?

Basicamente, são quatro os diferentes tipos de ativos que podem ser negociados via BOVESPA FIX ou SOMA FIX, a saber: debêntures, notas promissórias, CRIs e cotas de fundos, como por exemplo, FIDCs.

312. Ok, entendi que os ativos que operar na Bovespa ficam custodiados na CBLC, mas como consigo acompanhar e/ou consultar minhas posições em custódia?

A CBLC mantém todos os ativos detidos por um investidor em uma conta individual. Mensalmente, a CBLC envia um extrato mensal de movimentação dessa conta individual a cada investidor; além disso, qualquer investidor pode consultar suas posições no site da própria CBLC por meio do CEI (Canal Eletrônico do Investidor).

313. Quais são os tipos de ordens que um investidor pode enviar à Bovespa para comprar e vender ações?

São cinco os tipos de ordens, a saber:

1. Ordem a Mercado
2. Ordem Limitada
3. Ordem Casada
4. Ordem de *Stop*
5. Ordem Administrada

314. Mas o que é uma ordem a mercado?

Neste tipo de ordem, o investidor especifica somente a quantidade e as características dos valores mobiliários ou direitos que deseja comprar ou vender. A CCVM deverá executar a ordem a partir do momento em que recebê-la.

315. E uma ordem limitada?

Aqui a operação é executada por um preço igual ou melhor que o indicado pelo investidor.

316. Em que consiste uma ordem casada?

Em uma ordem casada, o investidor define duas ou mais ordens em diferentes ativos que só devem ser executadas em caso de sucesso simultâneo em condições predeterminadas.

317. O que é uma ordem de *Stop*?

Uma ordem de *Stop* é uma ordem que o investidor dá para ser executada caso o preço do ativo atinja algum nível predeterminado. Em geral, ela é utilizada em duas situações: para zerar uma posição comprada/vendida em caso de queda/alta do preço do ativo (ordem de *stop loss*) ou para zerar uma posição comprada/vendida em caso de alta/queda do preço do ativo (ordem de *stop gain*).

318. E uma ordem administrada, o que é?

É um tipo de ordem em que o investidor especifica somente a quantidade e as características dos valores mobiliários ou direitos que deseja comprar ou vender. A execução da ordem fica a critério da CCVM.

319. E quanto à validade, quais são os tipos de ordem que existem?

São quatro os tipos de ordem, a saber:

1. Válida até cancelar
2. Válida até uma data específica
3. Tudo ou nada
4. Executa ou cancela

320. Então, qual é a diferença entre uma ordem válida até cancelar e uma ordem válida até determinado momento?

A primeira é válida até que o investidor a cancele (máximo de 30 dias), enquanto a segunda é válida até determinada data (máximo de 30 dias).

321. O que é uma ordem Tudo ou Nada?

A ordem só é válida no momento em que é dada. Ela deve ser executada totalmente ou, caso contrário, cancelada.

322. O que é uma ordem do tipo Executa ou Cancela?

A ordem só é válida no momento em que é dada. Ela deve ser executada na quantidade possível, e o saldo, cancelado.

CBLC

323. O que é a CBLC?

A CBLC (Companhia Brasileira de Liquidação e Custódia) é uma empresa com fins lucrativos, criada em 19 de fevereiro de 1998, com o intuito de oferecer serviços de liquidação, custódia, compensação e gerenciamento de riscos ao mercado. Ela é a única custodiante central no Brasil para ações, títulos de renda fixa privada, certificados de investimento, cotas de fundos imobiliários e certificados de recebíveis imobiliários.

324. Em que consistem os serviços de custódia da CBLC?

No serviço de custódia de ativos, a CBLC atua como depositária de ações de companhias abertas, debêntures, cotas de fundos imobiliários e fundos de direito creditórios e outros títulos de renda fixa privada. Segundo a própria CBLC, dentre as principais características desse serviço estão o fato de ser um serviço de custódia fungível, conciliação diária de posições nas contas de custódia individuais, a desmaterialização dos ativos para manutenção na forma escritural e a identificação por um código ISIN.

325. Mas o que significa uma custódia fungível?

Custódia fungível é aquela na qual os títulos e valores mobiliários são depositados e sacados de uma mesma conta de custódia. Os ativos não são, necessariamente, os mesmos títulos, ou seja, não há identificação de número de série dos títulos e valores mobiliários.

326. Mas o que é uma conta de custódia?

Uma conta de custódia é uma conta mantida por um agente de custódia na CBLC onde ficam depositados TODOS os ativos de qualquer investidor. Em geral, essa conta é movimentada pelos seguintes motivos:

- compra e/ou venda de ativos;
- provisões de créditos relativos aos direitos/proventos a serem recebidos por direito, sejam eles quais forem;
- depósito, transferência e retirada de ativos.

327. Então, o que são os Agentes de Custódia?

Segundo a CBLC, são instituições financeiras (CCVMs, DTVMs e bancos comerciais, múltiplos ou de investimento) responsáveis pela abertura, administração e movimentação das contas de custódia dos investidores, seus clientes. Também é possível uma instituição se cadastrar como um Agente Especial de Custódia. Nesse caso, a instituição não pode prestar serviços a terceiros. Enquadram-se nesse tipo de agente de compensação as seguradoras, os fundos de pensão e as companhias abertas.

Os Agentes de Custódia podem também manter contas de custódia em nome de seus clientes.

328. E o que é a codificação ISIN?

ISIN é a abreviatura para a expressão International Securities Identification Number. De maneira geral, esse "número" é um número de padrão internacional para identificação de ativos financeiros. No Brasil, a Bovespa é a responsável pela atribuição dos códigos ISIN.

329. Em que consiste o serviço de liquidação da CBLC?

Neste serviço, a CBLC faz a compensação/liquidação para ações, derivativos e títulos de renda fixa privados. Dentre as principais características podemos destacar a automação da confirmação de operações, compensação multilateral e adoção do modo DVP. Cabe ressaltar que as liquidações ocorrem contra os Agentes de Compensação, em que a CBLC atua como contraparte central, ou seja, ela se coloca entre compradores e vendedores, assumindo o risco de crédito de ambos entre o momento em que o negócio é fechado e o momento de sua liquidação física e financeira.

330. Como é o fluxo de liquidações na CBLC para os diferentes ativos?

Segundo a CBLC, os fluxos de liquidação obedecem à tabela a seguir:

Mercado	Tipo de Operação	Dia da Liquidação
Ações	À vista	D+3
	A termo	D+n, o dia do vencimento
	Futuro	D+3 do dia do vencimento
	Opções* e Futuros**	D+1
Título de renda fixa privada	À vista	D+0*** e/ou D+1

* Liquidação dos prêmios negociados.
** Liquidação dos valores referentes ao ajuste diário de posições.
*** Para ser liquidada em D+0, a operação deve ser especificada até as 13:00h.

331. E o que é o tal Agente de Liquidação Bruta?

É um tipo especial de agente de liquidação que atua na liquidação bruta de operações realizadas no Bovespa FIX e na SOMA FIX, passíveis de serem realizados com os seguintes ativos:

- ☐ Leilões de privatização, ofertas públicas e operações especiais do mercado de renda variável
- ☐ Operações de renda fixa privada
- ☐ Operações determinadas pela Comissão de Valores Mobiliários (CVM), pelo Banco Central do Brasil ou Poder Judiciário

332. Em que consistem os serviços de gerenciamento de risco da CBLC?

Em se tratando de gerenciamento de riscos, o objetivo principal é prover os participantes de mercado com um serviço, entre procedimentos e sistemas, que possibilite o mapeamento e mensuração dos riscos inerentes às operações liquidadas e ativos custodiados pela CBLC.

333. Mas o que é um Agente de Compensação?

Um Agente de Compensação é uma instituição, sócia da CBLC, que presta os serviços de liquidação e compensação a seus clientes junto à CBLC. Existem dois tipos diferentes de agentes de compensação:

- ☐ Agentes de Compensação Plenos: esses tipos podem prestar os serviços de liquidação para clientes, para si mesmos, para CCVMs em geral e para os chamados Investidores Qualificados institucionais, como fundos de pensão, investidores estrangeiros, fundos de investimento e seguradoras.
- ☐ Agentes de Compensação Próprios: esses tipos podem prestar os serviços de liquidação somente para clientes e para si mesmos.

334. Quais são os requisitos para uma instituição se tornar um Agente de Compensação?

Segundo a CBLC, para se tornar um Agente de Compensação uma instituição deve, em termos de garantias, atender aos critérios de depósito prévio de colateral, para definição dos chamados Limites Operacionais e de contribuição para o chamado Fundo de Liquidação.

335. Agora, o que acontece se algum participante de mercado não honrar seus compromissos financeiros?

Bom, em primeiro lugar, devemos salientar que a CBLC enxerga o risco do Agente de Compensação por cliente individual. Sendo assim, segundo a própria CBLC, os trâmites normais seriam os seguintes:

1. Utilização dos colaterais depositados pelo Agente de Compensação cujo cliente estiver inadimplente.
2. Utilização da contribuição feita pelo Agente de Compensação para o Fundo de Liquidação.
3. Utilização da contribuição feita pela CBLC para o Fundo de Liquidação.
4. Utilização das contribuições feitas por todos os Agentes de Compensação para o Fundo de Liquidação.
5. Por fim, utilização do Patrimônio Líquido Especial da CBLC.

Devemos salientar que, em qualquer situação, se o cliente inadimplente for uma CCVM ou o próprio Agente de Compensação, então as posições e colaterais dos clientes finais podem ser transferidos para um outro Agente de Compensação e/ou CCVM. Também, em qualquer situação em que a parte inadimplente seja um investidor final, tanto a CCVM pela qual o cliente operou como o Agente de Compensação são co-responsáveis pela cobertura de tais perdas.

336. Como a CBLC faz o gerenciamento de risco de todas as posições pelas quais ela é a responsável pela custódia e liquidação?

Segundo a própria CBLC, ela adota dois diferentes sistemas de cálculo e gerenciamento de risco:

- *RiskWatch*: cuida do ciclo regular de liquidação de ações, títulos de renda fixa privada e derivativos.
- *Clearing Members – Theoretical Intermarket Margin System* (CM-TIMS): cuida do risco das posições em aberto no mercado de derivativos e no serviço de empréstimo de títulos.

337. Como é calculada a margem exigida de cada investidor?

O total de margem exigido para as posições detidas por um investidor é obtido pelo cálculo de dois componentes:

1. Margem de Prêmio: Corresponde ao custo de liquidação da carteira de ativos de um investidor, determinado pelo preço de

fechamento diário do prêmio – no caso do mercado de opções – ou pela diferença entre a cotação de fechamento do ativo subjacente e a cotação do contrato a termo e de empréstimo de ações.
2. Margem de Risco: Corresponde ao valor adicional necessário à liquidação da carteira de ativos de um investidor no caso de uma variação adversa nos preços de mercado.

338. Como a CBLC determina os limites operacionais?

Em linhas gerais, podemos dizer que a CBLC determina limites a seus Agentes de Compensação e estes, por sua vez, definem limites operacionais para seus clientes. Esses limites têm monitoramento em tempo real com os preços dos ativos depositados como garantia marcados a mercado.

Por fim, cabe ressaltar que existem os limites determinados pela CBLC e que são estipulados por Agente de Compensação, por Investidor, por Intermediário e para o Mercado como um todo.

Queremos observar que não é escopo deste livro o detalhamento dos limites estabelecidos de acordo com os critérios citados. Para informações detalhadas, sugerimos a consulta ao site da CBLC: www.cblc.com.br.

339. Quais são os ativos, em geral, aceitos para cobertura de garantia na CBLC?

Os ativos aceitos como garantia são determinados pela CBLC a seu critério. Em geral, são aceitos os seguintes ativos:

- ☐ Dinheiro
- ☐ Títulos Públicos Federais
- ☐ Ouro – que deve estar custodiado na BM&F
- ☐ Ações componentes do Ibovespa
- ☐ Títulos Privados, como CDBs, debêntures e notas promissórias emitidas por companhias abertas listadas na Bovespa
- ☐ Carta de fiança bancária
- ☐ Seguro de crédito

340. O que é o Canal Eletrônico do Investidor?

O Canal Eletrônico do Investidor (CEI) é um serviço na Internet para os clientes de CCVMs da Bovespa e Agentes de Custódia da CBLC. Por meio desse serviço é possível consultar todos os negócios realizados na Bovespa e os ativos custodiados na Conta de Custódia da CBLC.

BM&F

341. O que é a BM&F?

A BM&F (Bolsa de Mercadorias & Futuros) é uma associação privada sem fins lucrativos responsável pelos mercados futuros[1] no Brasil. Ela é fiscalizada pelo Banco Central do Brasil e pela Comissão de Valores Mobiliários.

342. O que um investidor deve fazer se estiver interessado em operar na BM&F?

Como é de esperar, a exigência é estar cadastrado em uma Corretora-membro, havendo diferenças, dependendo do tipo de investidor:

- ☐ Pessoa Física
    - ☐ Preencher a ficha cadastral.
    - ☐ Fornecer cópia autenticada de CPF, RG e comprovante de residência.
    - ☐ Assinar o Contrato de Intermediação.
- ☐ Pessoa Jurídica
    - ☐ Preencher ficha cadastral.
    - ☐ Entregar cópia do contrato ou do estatuto social e da ata de eleição da diretoria atual, bem como cópia do cartão do Cadastro Nacional de Pessoa Jurídica e cópia autenticada de nota fiscal relativa a sua atividade.
    - ☐ Assinar o Contrato de Intermediação de Operações nos Mercados Disponível, a Termo, Futuro e Opções de Mercadorias e Ativos Financeiros.

---

[1] Com exceção dos mercados futuros de ações, que são organizados pela Bovespa.

343. Como um investidor pode controlar as operações que realiza na BM&F?

Qualquer investidor recebe, todo mês, um extrato enviado pela própria BM&F; além disso, a Corretora pela qual o investidor atua pode, e em geral o faz, enviar um extrato com o mesmo intuito. Além disso, o resultado financeiro deve ser fornecido mensalmente e anualmente, para fins de recolhimento de imposto de renda.

344. E quais são os tipos de ativos aceitos como garantia de uma forma geral na BM&F?

Os tipos de ativos se dividem de acordo com a origem do investidor:
- Investidor residente no Brasil:
  - Dinheiro
  - Ouro
  - Cotas do Fundo dos Intermediários Financeiros (FIF)
  - Títulos públicos federais, títulos privados, cartas de fiança, ações e cotas de fundos fechados de investimento em ações, com prévia autorização da BM&F
- Investidor estrangeiro:
  - Dólares dos Estados Unidos
  - Títulos do governo dos Estados Unidos (T-Bonds, T-Notes e T-Bills), com autorização prévia da BM&F

345. Quais são os tipos de Corretoras (Brokers) que operam na BM&F?

De acordo com o PQO (Programa de Qualificação Operacional) da BM&F, todas as Corretoras devem atender a requisitos mínimos de qualificação operacional, seguindo o chamado *Roteiro Básico*. Porém, qualquer Corretora pode, por livre escolha, desejar se adequar a um ou mais nichos específicos de atuação, conforme listado a seguir:

1. Retail Broker: Tem foco em cliente pessoa física e/ou empresa não-financeira para negócios via mesa de operações.
2. Web Broker: Tem foco em cliente pessoa física e/ou empresa não-financeira para negócios via internet.

3. **Execution Broker**: Tem foco em clientes institucionais e é caracterizada pela rapidez no recebimento, na execução e na confirmação de ordens.
4. **Carrying Broker**: Seu foco é a custódia e liquidação das posições de seus clientes, em geral institucionais e, em espcial, as posições *brokeradas*, ou seja, executadas em um *execution broker* e transferidas para ela.
5. **Agro Broker**: Tem o mesmo foco do *retail broker*, com a diferença de estar voltada ao mercado agropecuário.

346. O que é o Banco BM&F de Serviços de Liquidação e Custódia?

Legalmente é uma sociedade anônima constituída com o objetivo único de oferecer serviços de custódia, compensação e liquidação para os negócios realizados nos mercados da BM&F. De acordo com informações fornecidas pela própria BM&F, são três os serviços oferecidos:

- *Conta de Liquidação-Padrão*: É uma conta pertencente às Corretoras ou Membros de Compensação e possibilita "a movimentação dos recursos dos clientes e o controle on-line do fluxo de caixa do titular para a liquidação de suas operações".
- *Conta Ajuste e de Margem Adicional*: É uma conta pertencente ao investidor onde são depositadas as margens de garantia mínima, exigidas pela BM&F, e adicionais, exigidas pela Corretora ou Membro de Compensação.
- *Conta Especial de Liquidação*: É uma conta pertencente ao investidor com vínculo direto com a Corretora. O objetivo da existência é "possibilitar a liquidação de obrigações, sem a necessidade de transitar pelo fluxo financeiro da Corretora".

347. O que é a Bolsa Brasileira de Mercadorias?

Legalmente é uma associação civil, sem fins lucrativos, com sede administrativa e foro no Distrito Federal. Possui nove das chamadas

Centrais Regionais de Operações (CROs) em Belo Horizonte (MG), Campo Grande (MS), Curitiba (PR), Fortaleza (CE), Goiânia (GO), Porto Alegre (RS), São Paulo (SP), Uberlândia (MG) e Florianópolis (SC). Seu principal objetivo é coordenar a realização de negócios com "...mercadorias, bens, serviços e títulos, nos mercados primário e secundário, nas modalidades à vista, a prazo e a termo".

348. Mas qual é a relação entre a BM&F e a Bolsa Brasileira de Mercadorias?

A BM&F é a detentora do chamado SRCA (Sistema de Registro de Custódia de Títulos do Agronegócio) que permite a negociação, em mercado secundário na Bolsa Brasileira de Mercadorias, dos títulos agropecuários.

349. Por fim, em termos de sistemas de negociação de títulos e produtos do agronegócio, qual é a diferença entre os Leilões da CONAB e os Leilões Eletrônicos do BB?

Basicamente, os leilões da CONAB (Companhia Nacional de Abastecimento) servem aos produtos dos estoques governamentais e dos instrumentos de apoio à comercialização definidos pelo Governo Federal, sendo a Bolsa Brasileira de Mercadorias a instituição, contratada pela CONAB para a realização dos leilões. Já os leilões eletrônicos do Banco do Brasil servem à negociação de títulos e produtos dos estoques de café do Ministério da Agricultura.

Clearings da BM&F

350. Como são liquidadas as operações realizadas nos mercados futuros da BM&F?

Todos os negócios realizados na BM&F em um mercado futuro são liquidados por intermédio de sua *câmara de registro, compensação e liquidação* que, como era de se esperar, tem dentre seus objetivos principais assegurar a integridade e a liquidação dos negócios, atuando como contraparte central, a vendedora de todos os compradores e a compradora de todos os vendedores, além de administrar as margens de garantia e os ajustes diários, assim como as liquidações físicas.

Na verdade, a BM&F possui três câmaras de compensação, a saber:

- ☐ Clearing de Derivativos
- ☐ Clearing de Câmbio
- ☐ Clearing de Ativos

351. Em que consiste a Clearing de Derivativos da BM&F?

Nada mais é do que a câmara de compensação e liquidação responsável pelas operações com derivativos realizadas ou registradas na BM&F. É o chamado Membro de Compensação o responsável, perante a BM&F, pela liquidação de todas as operações registradas sob sua responsabilidade.

352. E quais são os dispositivos contra inadimplência que possui a Clearing de Derivtivos da BM&F?

São cinco os dispositivos ou procedimentos adotados para minimizar o risco de uma eventual inadimplência, seja por parte de um investidor final, seja de um Membro de Compensação, seja ainda de uma Corretora. Listamos a seguir cada um deles, de acordo com as definições da própria BM&F:

- ☐ Limite de risco intradiário do negociador: Cada tipo de negociador na BM&F (Corretora, PLD, Operador Especial ou PAPE) possui seu próprio limite operacional, que é calculado a cada intervalo de quinze minutos.
- ☐ Limites de concentração de posições e de oscilação diária de preços.
- ☐ Margem de garantia: Esta é exigida de TODOS os investidores com posição em aberto em QUALQUER mercado derivativo da BM&F.
- ☐ Fundo Especial dos Membros de Compensação e Fundo de Liquidação de Operações.

☐ Fundo de Garantia: O objetivo é exclusivamente ressarcir os investidores de eventuais prejuízos decorrentes de erro na execução de ordens aceitas para cumprimento e uso inadequado de valores pertencentes a clientes, relativos aos resultados de tais operações.

353. Quais são as obrigações de um Membro de Compensação?

Analogamente aos Agentes de Compensação da CBLC, os membros de compensação da clearing de derivativos da BM&F devem, além de serem sócios, atender às exigências financeiras e de patrimônio e depositar garantias para compor o chamado Fundo de Liquidação de Operações. Podem se tornar Membro de Compensação os bancos múltiplos, comerciais e de investimento, Corretoras e DTVMs.

Adicionalmente, cabe dizer que todo Membro de Compensação é obrigado a indicar um banco liquidante para executar as liquidações no Sistema de Transferência de Reservas (STR).

354. E a Clearing de Câmbio, o que é?

De forma análoga à Clearing de Derivativos, ela é responsável pela liquidação das operações do mercado interbancário de câmbio. Teve início em 22 de abril de 2002.

Operacionalmente, a Clearing possui uma conta de liquidação em moeda nacional no Banco Central e contas de liquidação em moeda estrangeira no Exterior, com as movimentações financeiras ocorrendo dentro da mesma janela de tempo. Em termos de dispositivos de segurança, de acordo com a BM&F devemos citar:

☐ O Fundo de Participação: É o depósito inicial exigido de todos os participantes no ato de sua habilitação, calculado de acordo com o limite operacional atribuído pela Clearing.
☐ O Fundo Operacional: Integralmente constituído pela BM&F, que se destina à cobertura de prejuízos originários de eventuais falhas operacionais, administrativas ou funcionais da Clearing no processo de gerenciamento ou execução de suas atividades.

- As chamadas Linhas de Liquidez: Contratos para compra e venda de dólares, celebrados com bancos de primeira linha no Brasil e no Exterior, com limite de saque intradiário para atendimento de eventual necessidade da Clearing.

355. Enfim, em que consiste a Clearing de Ativos da BM&F?

Igual às demais, é a câmara de registro, compensação e liquidação das operações com títulos de renda fixa públicos e/ou privados. Cabe ressaltar, segundo enfatiza a própria BM&F, que só é possível o fornecimento desse serviço devido à:

- Compra, por parte da BM&F, dos direitos de gestão e de operacionalização da câmara de liquidação e de compensação com títulos públicos, títulos de renda fixa e ativos emitidos por instituições financeiras da CBLC.
- Compra do Sistema de Negociação e de Registro de Títulos e outros Ativos (SISBEX) da Bolsa de Valores do Rio de Janeiro.

356. E quais são os dispositivos contra inadimplência que a Clearing de Ativos da BM&F possui?

Também segundo a própria BM&F, essa câmara conta com os seguintes dispositivos:

- Garantias: O objetivo do depósito de garantias é a cobertura dos riscos de crédito e de liquidez; podem ser depositados títulos públicos federais e dinheiro.
- Fundo Operacional: Neste caso é a própria BM&F que deposita dinheiro.
- Fundo Garantidor: Neste caso são os Membros de Compensação que depositam recursos.
- Linhas de assistência à liquidez pré-aprovadas: Existem com o intuito de cobrir a possível defasagem temporal entre o prazo de execução de garantias e o prazo de liquidação de obrigações.

☐ Mecanismo de repartição de perdas: Aqui existe o que a BM&F chama de modelo híbrido, onde coexistem o critério chamado *defaulters pay* (inadimplentes pagam) com o chamado de *survivors pay* (sobreviventes pagam).

357. Quais são os ativos negociados na Câmara de Ativos da BM&F?

1. Títulos Públicos
   1.1. Operações à vista
      1.1.1. Contrato-padrão de Compra e Venda à Vista de LTN
      1.1.2. Contrato-padrão de Compra e Venda à Vista de LFT
      1.2.3. Contrato-padrão de Compra e Venda à Vista de NTN-B
      1.2.4. Contrato-padrão de Compra e Venda à Vista de NTN-C
      1.2.5. Contrato-padrão de Compra e Venda à Vista de NTN-D ou NTN-E
      1.2.6. Contrato-padrão de Compra e Venda à Vista de NTN-F
   1.2. Operações a termo
      1.2.1. Contrato-padrão de Compra e Venda a Termo de LTN
      1.2.2. Contrato-padrão de Compra e Venda a Termo de LFT
      1.2.3. Contrato-padrão de Compra e Venda a Termo de NTN-B
      1.2.4. Contrato-padrão de Compra e Venda a Termo de NTN-C
      1.2.5. Contrato-padrão de Compra e Venda a Termo de NTN-D ou NTN-E com Atualização do Valor de Liquidação pela Taxa Selic
      1.2.6. Contrato-padrão de Compra e Venda a Termo de NTN-F

2. Operações Compromissadas
   2.1 Contrato-padrão de Compra e Venda acumulada com operação relativa a compromisso de revenda e recompra com lastro definido em momento posterior à negociação e livre movimentação dos títulos (Operação Compromissada Genérica).
   2.2 Contrato-padrão de Compra e Venda acumulada com operação relativa a compromisso de revenda e recompra com lastro específico e livre movimentação dos títulos (Operação Compromissada Específica).
   2.3. Contrato-padrão de Compra e Venda acumulada com operação relativa a compromisso de revenda e recompra para Liquidação no Selic (Migração de Operação Compromissada com Ida na Câmara e Volta no Selic), para liquidação na Câmara de Ativos da BM&F.
   2.4. Contrato-padrão de Compra e Venda acumulada com operação relativa a compromisso de revenda e recompra para Liquidação na Câmara de Ativos da BM&F (Migração de Operação Compromissada com Ida no Selic e Volta na Câmara), para liquidação no Selic.

358. Quais são os ativos, em geral, aceitos em garantia na BM&F?

Podemos elencar os ativos aceitos em garantia de operações na BM&F, de acordo com as regras a seguir:

1. Garantias de aceitação automática
   1.1. Dinheiro
   1.2. Ouro
   1.3. Cotas do Fundo dos Intermediários Financeiros, da BM&F
   1.4. Títulos Públicos federais de liquidez, definidos pela BM&F

2. Garantias de aceitação automática, sujeita a deságio e a limite máximo de utilização
   2.1. Ações da carteira do Ibovespa
   2.2. Título de sócio efetivo
   2.3. Título de corretor de algodão
3. Garantias com aceitação mediante consulta prévia e sujeita a deságio e/ou limite máximo de utilização
   3.1. Carta de fiança bancária
   3.2. CDBs
   3.3. Ações não-pertencentes à carteira do Ibovespa que possuam boa liquidez
   3.4. Outros ativos, a critério da BM&F

Cabe ressaltar que a BM&F tem estipulados critérios de aceitação para cada tipo de garantia mencionado. Não é escopo deste livro detalhar TODOS esses critérios. <u>Sugerimos consulta ao site da BM&F (www.bmf.com.br) para obtenção de informações detalhadas sobre quaisquer assuntos relacionados a produtos negociados.</u>

CAPÍTULO 6

Fundos de Investimento no Brasil

GANHE o máximo que puder.
POUPE o máximo que puder.
INVISTA o máximo que puder.

REVERENDO JOHN WELLESLY

Motivação

Se você discorda de mim quando digo que qualquer pessoa normal é capaz de investir seu próprio dinheiro de forma disciplinada e vencedora, então saiba que, no mínimo, você deve saber escolher a melhor pessoa para fazer isso ou, antes, pelo menos saber em que tipo de fundo investir. Portanto, este capítulo tem o intuito de ajudá-lo não na escolha das melhores empresas de gestão para suas aplicações em fundos de investimento, mas antes disso, tem por objetivo ajudá-lo a situar-se dentre as diferentes alternativas existentes em toda a taxonomia de fundos de investimento no Brasil.

Assim, concatenamos as perguntas pertinentes em quatro seções: conceitos genéricos, classificação de fundos de investimento, fundos fechados, offshore, fundo de investimento em direito creditório, fundo de investimento imobiliário, venture capital e private equity, além dos fundos de previdência privada.

CONCEITOS GENÉRICOS DE FUNDOS DE INVESTIMENTO

359. O que é Fundo de Investimento?

É a reunião de capitais de pessoas ou indivíduos, a fim de aplicá-los em títulos e valores mobiliários, em condições tecnicamente mais favoráveis do que aquelas em que o fariam seus participantes se realizassem tais aplicações diretamente. Por tal serviço os aplicadores (cotistas) pagam aos administradores dos fundos de investimento uma taxa de administração. Os fundos de investimento dependem de autorização prévia da CVM para seu funcionamento.

360. O que é Clube de Investimento em Ações?

É a reunião de recursos de um número limitado de pessoas (no mínimo 3 e, no máximo, 150 participantes) para aplicações no mercado de ações. Os clubes de investimento podem ser criados e administrados por uma DTVM ou uma CCVM. A carteira de um clube de investimentos deve ser composta por, no mínimo, 51% em ações, bônus de subscrição e debêntures conversíveis em ações de companhias abertas, adquiridas em bolsas de valores ou mercado de balcão organizado.

Cabe ressaltar que, independentemente do número de cotistas, nenhum pode ter mais de 40% das cotas.

361. O que é uma empresa de Asset Management?

O mercado financeiro utiliza a expressão "Asset Management" para referir-se às empresas ou aos departamentos que administram recursos e/ou ativos financeiros de terceiros.

Asset Management é uma expressão em língua inglesa cuja tradução significa Gerenciamento de Ativos. Por esse motivo, uma empresa de AM deve possuir conhecimento e experiência para acompanhar o mercado financeiro e identificar as melhores oportunidades disponíveis. Para que isso seja possível, precisa contar com uma equipe capacitada para interpretar corretamente as tendências de mercado e avaliar as melhores alternativas de investimento disponíveis aos investidores que lhe depositaram confiança.

362. O que é o chamado Chinese Wall?

Por força de lei, os recursos dos fundos de investimento no Brasil devem ser geridos de maneira completamente independente dos recursos da própria instituição administradora.

Essa separação é conhecida no mercado financeiro pelo nome de Chinese Wall, em uma alusão à conhecida grande muralha da China, que foi construída para garantir proteção contra possíveis invasões "externas".

O Administrador de um fundo de investimento e o Gestor do mesmo fundo de investimento, ainda que pertencentes ao mesmo conglomerado, mantêm estrutura e políticas que lhes permitem gerir os recursos de seus clientes e os recursos próprios de maneira absolutamente segregada.

363. Quais são as funções do Administrador de um fundo de investimentos?

O Administrador de um fundo de investimentos é a entidade responsável legal pelo Fundo. Dentre suas principais funções estão a escolha e contratação, se for o caso, do Gestor do fundo, além do Auditor Independente e do Custodiante.

364. E esse Gestor, quem é?

Gestor é aquele que toma as decisões sobre o destino de seu dinheiro. Ele não é o "dono" dos recursos, e sim o responsável pela gestão deles enquanto o Administrador é responsável pelo controle de riscos e por toda a parte operacional/contábil do dia-a-dia do fundo.

Em geral, como principais atribuições, o Gestor de um fundo acompanha o mercado financeiro, calcula o risco em que o fundo incorre, analisa e avalia as alternativas de investimento disponíveis do ponto de vista de potencial de retorno e risco envolvido, toma decisões sobre o que comprar ou vender para o fundo, executa essas decisões, garante que as leis e a política de investimento estão sendo respeitadas e que o risco do fundo não será extrapolado.

365. Em que consiste o Regulamento de um fundo de investimentos?

Segundo a CVM, o Regulamento é o documento onde estão estabelecidas as principais características do fundo, como as regras básicas de funcionamento do fundo, os tipos de ativos que podem ser adquiridos, as estratégias de investimento que podem ser adotadas e os riscos aos quais o investidor poderá estar exposto. Constam do regulamento também os direitos e obrigações do investidor, do administrador, do gestor e do custodiante.

Em geral, segundo a CVM, devem constar do regulamento de qualquer fundo de investimentos no Brasil as seguintes informações:

1. Qualificação do administrador; do gestor (quando for o caso) e do custodiante.
2. Tipo de fundo, isto é, aberto ou fechado.
3. Prazo de duração, se determinado ou indeterminado.
4. Política de Investimentos.
5. A classificação do fundo.

6. Os custos de taxa de administração, de aplicação e de resgate, quando for o caso, e da taxa de performance.
7. Cotização.
8. Público-alvo.
9. Tributação aplicável.

366. E o Prospecto, o que é?

É o documento que apresenta as informações mais relevantes para o investidor. Ele é obrigatório nos fundos para investidores não-qualificados e opcional para os qualificados.

367. Mas em que consiste essa Política de Investimentos de um fundo de Investimentos?

A Política de Investimentos define o meio pelo qual o gestor da carteira do Fundo tentará alcançar o objetivo do Fundo, seja ele qual for. Em geral, é nesse documento que se inserem as regras e a forma de agir.

368. O que é a Cota de um fundo de investimentos?

Uma cota é a fração de um fundo. O patrimônio de um fundo de investimento é a soma de cotas que foram compradas pelos diferentes investidores. O valor da cota é resultante da divisão do patrimônio líquido do fundo, pelo número de cotas existentes.

Quando o investidor aplica seu dinheiro no fundo, está comprando determinada quantidade de cotas, cujo valor é diariamente apurado.

369. Como posso calcular o rendimento do fundo de investimentos no qual investi dinheiro?

Para calcular o quanto você obteve de rendimento, basta dividir o valor atual da cota pelo valor da cota do dia da aplicação. Para apurar o valor atual do investimento, basta multiplicar a quantidade de cotas que você possui pelo seu valor no dia.

370. Em que situações o valor ou a quantidade de cotas que possuo de um fundo pode mudar?

Bom, o valor da cota de um fundo muda a todo instante em função das mudanças nos preços dos ativos em que o fundo está investido.

Já o número de cotas que um investidor possui em um determinado fundo de investimentos só muda quando:

- ☐ O investidor aplica no fundo; neste caso, o número de cotas aumenta, pois ele está comprando novas cotas.
- ☐ O investidor desaplica, ou seja, faz um resgate parcial ou total do valor já investido no fundo; neste caso, o número de cotas diminui.
- ☐ O investidor é tributado; neste caso, o valor devido de imposto de renda é abatido em quantidade de cotas.

371. Em que tipos de custos um fundo de investimento e seus cotistas incorrem?

Os custos diretos em que um fundo de investimento incorre e, em conseqüência, seus cotistas incorrem indiretamente são os custos transacionais – emolumentos e taxas de corretagem e registro (para o caso de derivativos) –, os custos de custódia de ativos, custos de auditoria e custos de divulgação. Os cotistas, por sua vez, ainda incorrem diretamente nos custos da taxa de administração do fundo, da taxa de performance, caso seja aplicável e, por fim, nos custos de tributação.

372. O que é a taxa de administração?

A taxa de administração de um fundo é um percentual sobre o patrimônio líquido do fundo que é cobrado pela instituição financeira que o administra para pagar pelos serviços de administração e gestão do fundo.

373. E a taxa de performance, o que é?

A taxa de performance de um fundo é um percentual sobre a rentabilidade excedente que o fundo tiver em relação a um *benchmark*, em geral CDI ou um índice de ações, podendo ser também uma taxa de câmbio ou um índice de inflação acrescido de uma taxa fixa. Cabe ressaltar que a taxa de performance, uma vez prevista em regulamento, só é devida quando a performance ultrapassa a chamada *marca d'água*.

374. Mas em que critérios o Administrador de um Fundo deve se basear para estipular a taxa de performance?

Basicamente, essa taxa deve estar associada a um *benchmark* que seja, segundo a CVM, "compatível" com a política de investimentos do Fundo e com os ativos componentes da carteira. A cobrança é feita por período, no mínimo, semestral e, sem dúvida alguma, somente depois de todas as despesas do fundo terem sido incluídas na conta. Cabe ressaltar que a nenhum Fundo no Brasil é permitida a cobrança da taxa de performance sobre percentuais inferiores a 100% do parâmetro de referência.

375. E a chamada Assembléia Geral de Cotistas, o que é?

É a reunião realizada entre os cotistas do Fundo e que tem como propósito a tomada de decisões relativas ao Fundo de uma maneira geral. A CVM obriga todos os administradores de fundos de investimento a convocarem TODOS os cotistas de um Fundo por carta, com 10 dias de antecedência, para a Assembléia Geral, e essa carta deve conter os assuntos a serem tratados e o local, a data e o horário de realização da assembléia.

CLASSIFICAÇÃO DE FUNDOS DE INVESTIMENTO NO BRASIL

376. No Brasil, quais são as diferentes classificações de fundos de investimento que existem?

No Brasil, existem duas diferentes classificações, a da ANBID e da CVM.

Classificação ANBID

377. Como é a classificação de fundos de investimento da ANBID?

A ANBID (www.anbid.com.br) classifica os fundos de investimento segundo a tabela abaixo:

Categoria ANBID	Tipo ANBID
Curto Prazo	Curto Prazo
	Aplicação Automática
Referenciados	Referenciado DI
	Referenciado Outros
Renda Fixa	Renda Fixa
	Renda Fixa Médio e Alto Riscos
	Renda Fixa com Alavancagem
Multimercados	Balanceados
	Multimercados sem RV
	Multimercados com RV
	Multimercados sem RV com Alavancagem
	Multimercados com RV com Alavancagem
	Capital Protegido
	Long And Short – Renda Variável
Investimento no Exterior	Investimento no Exterior
IBovespa	Ações IBovespa Indexado
	Ações IBovespa Ativo
	Ações IBovespa Ativo com Alavancagem
IBX	Ações IBX Indexado
	Ações IBX Ativo
	Ações IBX Ativo com Alavancagem
Ações Setoriais	Ações Setoriais Telecomunicações
	Ações Setoriais Energia
Ações Outros	Ações Outros
	Ações Outros com Alavancagem
Cambial	Cambial Dólar sem Alavancagem
	Cambial Euro sem Alavancagem

378. Quais são as principais características de um Fundo de Curto Prazo segundo a ANBID?

Busca retorno por meio de investimentos em títulos indexados a CDI/Selic ou em papéis prefixados, desde que indexados e/ou sintetizados para CDI/Selic; de emissão do Tesouro Nacional (TN) e/ou do BACEN; com prazo máximo a decorrer de 375 dias e prazo médio da carteira de, no máximo, 60 dias. É permitida, também, a realização de Operações Compromissadas, desde que: sejam indexadas a CDI/Selic; lastreadas em títulos do TN ou do BACEN e com contraparte classificada como baixo risco de crédito. No caso específico da contraparte ser o BACEN, é permitida a operação prefixada com prazo máximo de 7 dias, desde que corresponda a períodos de feriados prolongados; ou de 60 dias, desde que indexada a CDI/Selic.

379. Quais são as principais características de um Fundo de Aplicação Automática segundo a ANBID?

Busca retorno por meio de investimentos em títulos indexados a CDI/Selic ou em papéis prefixados, desde que indexados e/ou sintetizados para CDI/Selic; de emissão do Tesouro Nacional (TN) e/ou do BACEN; com prazo máximo a decorrer de 375 dias e prazo médio da carteira de, no máximo, 60 dias. É permitida, também, a realização de Operações Compromissadas, desde que: sejam indexadas a CDI/Selic; lastreadas em títulos do TN ou do BACEN e com contraparte classificada como baixo risco de crédito. No caso específico da contraparte ser o BACEN, é permitida a operação prefixada com prazo máximo de 7 dias, desde que corresponda a períodos de feriados prolongados; ou de 60 dias, desde que indexada a CDI/Selic. Adicionalmente, esses fundos mantêm, obrigatoriamente, aplicação e resgate automáticos, de forma a remunerar saldo remanescente em conta-corrente.

380. Quais são as principais características de um Fundo Referenciado DI segundo a ANBID?

Fundos que objetivam investir, no mínimo, 95% do valor de sua carteira em títulos ou operações que busquem acompanhar as variações do CDI ou SELIC, estando também sujeitos às oscilações decorrentes do ágio/deságio dos títulos em relação a esses parâmetros de referência. O montante não aplicado em operações que busquem acompanhar as variações desses parâmetros de referência deve ser aplicado somente em operações permitidas para os Fundos Curto Prazo.

381. Quais são as principais características de um Fundo Renda Fixa segundo a ANBID?

Busca retorno por meio de investimentos em ativos de renda fixa (sendo aceitos títulos sintetizados por meio do uso de derivativos), admitindo-se estratégias que impliquem risco de juros do mercado doméstico e risco de índice de preço. Excluem-se estratégias que impliquem risco de moeda estrangeira ou de renda variável. Devem manter, no mínimo, 80% de sua carteira em títulos públicos federais ou ativos com baixo risco de crédito.

382. Quais são as principais características de um Fundo Renda Fixa Médio e Alto Riscos, segundo a ANBID?

Busca retorno por meio de investimentos em ativos de renda fixa, podendo manter mais de 20% em títulos de médio e alto riscos de crédito (sendo aceitos títulos sintetizados por meio do uso de derivativos), incluindo-se estratégias que impliquem risco de juros do mercado doméstico e risco de índices de preços. Excluem-se estratégias que impliquem risco de moeda estrangeira ou de renda variável.

383. Quais são as principais características de um Fundo Renda Fixa com Alavancagem segundo a ANBID?

Busca retorno por meio de investimentos em ativos de renda fixa de qualquer espectro de risco de crédito (sendo aceitos títulos sintetizados por meio do uso de derivativos), incluindo-se estratégias que impliquem risco de juros do mercado doméstico e risco de índices de preço. Excluem-se, porém, investimentos que impliquem risco de oscilações de moeda estrangeira e de renda variável.

384. Quais são as principais características de um Fundo Cambial Dólar sem Alavancagem segundo a ANBID?

São fundos que aplicam, pelo menos, 80% de sua carteira em ativos – de qualquer espectro de risco de crédito – relacionados diretamente, ou sintetizados via derivativos, à moeda norte-americana. O montante não aplicado em ativos relacionados direta ou indiretamente ao dólar deve ser aplicado somente em títulos e operações de Renda Fixa (prefixadas ou pós-fixadas a CDI/Selic). Não admitem alavancagem.

385. Quais são as principais características de um Fundo Cambial Euro sem Alavancagem, segundo a ANBID?

São fundos que aplicam pelo menos 80% de sua carteira em ativos – de qualquer espectro de risco de crédito – relacionados diretamente, ou sintetizados via derivativos, à moeda européia. O montante não aplicado em ativos relacionados direta ou indiretamente ao euro deve ser aplicado somente em títulos e operações de Renda Fixa (prefixados ou pós-fixados a CDI/Selic). Não admitem alavancagem.

386. Quais são as principais características de um Fundo Multimercado sem Renda Variável, segundo a ANBID?

Classificam-se neste segmento os fundos que buscam retorno no longo prazo por meio de investimento em diferentes classes de ativos (renda fixa, câmbio etc.), exceto renda variável. Não admitem alavancagem.

387. Quais são as principais características de um Fundo Multimercado com Renda Variável, segundo a ANBID?

São iguais aos fundos multimercado vistos na questão anterior, com exceção para o fato de que podem incluir ativos de renda variável.

388. Quais as principais características de um Fundo Multimercado sem Renda Variável com Alavancagem segundo a ANBID?

São iguais aos fundos multimercado vistos na questão 386, com exceção para o fato de que admitem operações de alavancagem do patrimônio do fundo.

389. Quais são as principais características de um Fundo Multimercado com Renda Variável com Alavancagem, segundo a ANBID?

São iguais aos fundos multimercado vistos na questão 387, com exceção para o fato de que admitem operações de alavancagem do patrimônio do fundo.

390. Quais são as principais características de um Fundo Multimercado Balanceado, segundo a ANBID?

Classificam-se nesse segmento os fundos que buscam retorno no longo prazo por meio de investimento em diversas classes de ativos. Esses fundos utilizam uma estratégia de investimento diversificada e deslocamentos táticos entre as classes de ativos ou estratégia explícita de rebalanceamento de curto prazo. Cabe ressaltar que diferentemente dos demais fundos multimercado, esses fundos devem ter explicitado o mix de ativos (percentual de cada classe de ativo) com o qual devem ser comparados (*asset allocation benchmark*). Sendo assim, esses fundos não podem ser comparados a indicador de desempenho que reflita apenas uma classe de ativos (por exemplo: 100% CDI).

391. Quais são as principais características de um Fundo Capital Protegido segundo a ANBID?

Busca retornos em mercados de risco, procurando proteger parcial ou totalmente o principal investido.

392. Quais são as principais características de um Fundo Long and Short – Renda Variável, segundo a ANBID?

Faz operações de ativos e derivativos ligados ao mercado de renda variável, montando posições compradas e vendidas. O resultado deve ser proveniente, preponderantemente, da diferença entre essas posições. Os recursos remanescentes em caixa devem ficar investidos em operações permitidas ao tipo Referenciado DI.

393. Quais são as principais características de um Fundo de Dívida Externa segundo a ANBID?

São fundos que têm como objetivo investir preponderantemente em títulos representativos da dívida externa de responsabilidade do Governo Federal.

394. Quais são as principais características de um fundo de ações segundo a ANBID?

Os Fundos de Ações devem possuir, no mínimo, 67% da carteira em ações à vista.

395. Quais são as principais características de um Fundo de Ações Ibovespa Ativo e Fundo de Ações Ibovespa Ativo com Alavancagem, respectivamente, segundo a ANBID?

São fundos que utilizam o Índice Bovespa como referência, tendo como objetivo explícito superar esse índice, não admitindo alavancagem no primeiro caso e permitindo no segundo.

396. Quais são as principais características de um Fundo de Ações IBX Ativo e um Fundo de Ações IBX Ativo com Alavancagem, respectivamente, segundo a ANBID?

São fundos que utilizam o IBX ou o IBX-50 como referência, tendo o objetivo explícito de superar o respectivo índice, não admitindo alavancagem no primeiro caso e permitindo no segundo.

397. Quais são as principais características de um Fundo de Ações Setorial de Telecomunicações e um Fundo de Ações Setorial Energia, respectivamente, segundo a ANBID?

Ambos são fundos cuja estratégia é investir em ações, do setor de telecomunicações e do setor de energia, respectivamente. Não admitem alavancagem.

398. Quais são as principais características de um Fundo de Ações Outros e um Fundo de Ações Outros com Alavancagem, respectivamente, segundo a ANBID?

Classificam-se nesse segmento os fundos de ações abertos que não se enquadrem em nenhum dos segmentos anteriores. O primeiro não admite alavancagem, enquanto o segundo, como o nome diz, admite.

Classificação CVM

399. Como é a classificação de fundos de investimento da CVM?

A CVM classifica os fundos de investimento em sete categorias, a saber:

1. Curto Prazo
2. Referenciado
3. Renda Fixa
4. Multimercado
5. Ações
6. Cambial
7. Dívida Externa

400. Quais são as principais características de um Fundo Curto Prazo, segundo a CVM?

De acordo com a CVM, os fundos de curto prazo investem seus recursos exclusivamente em títulos públicos federais ou privados de baixo risco de crédito. Esses títulos podem ser de renda fixa, prefixados ou pós-fixados. Não podem cobrar taxa de performance.

401. Quais são as principais características de um Fundo Referenciado, segundo a CVM?

De acordo com a CVM, os fundos referenciados devem identificar em seu nome o indicador de desempenho que sua carteira tem por objetivo acompanhar. Para tal, investem, no mínimo, 80% em títulos públicos federais ou em títulos de renda fixa privados classificados na categoria baixo risco de crédito. Além disso, no mínimo 95% de sua carteira é composta por ativos que acompanhem a variação de seu indicador de desempenho, o chamado *benchmark*. Usam instrumentos de derivativos com o objetivo de proteção (*hedge*). Não podem cobrar taxa de performance.

402. Quais são as principais características de um Fundo Renda Fixa, segundo a CVM?

De acordo com a CVM, os fundos renda fixa aplicam por no mínimo 80% em títulos de renda fixa prefixados ou pós-fixados. Além disso, usam instrumentos de derivativos com o objetivo de proteção (*hedge*) e não podem cobrar taxa de performance.

403. Quais são as principais características de um Fundo Multimercado, segundo a CVM?

De acordo com a CVM, os fundos multimercado podem realizar investimentos nos mercados de renda fixa, câmbio, ações, entre outros. Além disso, utilizam instrumentos de derivativos para alavancagem de suas posições, ou para proteção de suas carteiras.

404. Quais são as principais características de um Fundo de Ações, segundo a CVM?

De acordo com a CVM, os fundos de ações investem no mínimo 67% de seu patrimônio em ações negociadas em bolsa.

405. Quais são as principais características de um Fundo Cambial, segundo a CVM?

De acordo com a CVM, fundos cambiais devem manter, no mínimo, 80% de seu patrimônio investido em ativos que sejam relacionados, direta ou indiretamente (via derivativos), à variação de preços de uma moeda estrangeira, ou a uma taxa de juros (chamado de cupom cambial).

406. Quais são as principais características de um Fundo de Dívida Externa, segundo a CVM?

De acordo com a CVM, fundos de dívida externa aplicam, no mínimo, 80% de seu patrimônio em títulos brasileiros negociados no mercado internacional. Os 20% restantes podem ser aplicados em outros títulos de crédito transacionados no exterior. Esses títulos são mantidos no exterior.

Fundos Fechados, Off-shore, FIDC, FII, Venture Capital, Private Equity e FGC

407. O que é e quais são as principais características de um Fundo Fechado?

Um fundo fechado é aquele com prazo de duração definido e em que não é possível fazer resgates antes do fim do prazo, a não ser pela liquidação antecipada do fundo. Um exemplo real desses fundos fechados no Brasil são os fundos de principal garantido com retorno atrelado ao Ibovespa. Eles possuem prazo para início e término do fundo, e o cotista não pode resgatar seus recursos antecipadamente.

408. O que é um Fundo Off-shore?

É considerado fundo *off-shore* aquele constituído fora do território brasileiro, mas que aplica em ativos dentro do país. Segundo a ANBID, eles podem se classificar em Renda Fixa, Renda Variável e Mistos.

409. O que é um Fundo de Investimentos em Direitos Creditórios e quais são suas principais características?

Um Fundo de Investimentos em Direitos Creditórios, ou simplesmente FDIC, é um fundo de investimentos que deve aplicar, no mínimo, 50% dos recursos em **direitos creditórios** e em títulos representativos desses direitos, originários de operações nos segmentos financeiro, comercial, industrial, de arrendamento mercantil e de prestação de serviços. O saldo pode ser aplicado em títulos de emissão do Tesouro Nacional, Banco Central, Estados e Municípios, CDBs, RDBs, valores mobiliários e ativos financeiros de renda fixa. Em geral, devem ter dois tipos de cotas, a cota *sênior* e a cota *subordinada*, sendo essas cotas negociadas no Brasil, em mercado de balcão ou no Bovespa FIX. Além disso, deve ter classificação de *rating* obrigatória, feita por agência de classificação de risco de crédito do país. Cabe ressaltar que podem existir FDICS constituídos como fundos abertos ou fechados.

410. Mas o que são esses direitos creditórios?

Segundo a Bovespa, direitos creditórios são os direitos e títulos representativos de crédito, originários de operações realizadas nos segmentos financeiro, comercial, industrial, imobiliário, de hipotecas, de arrendamento mercantil e de prestação de serviços.

411. Então, qual é a diferença entre uma cota sênior e uma cota subordinada em um FDIC?

Basicamente, pode-se dizer que a cota sênior tem preferência para resgate e rendimento, enquanto a subordinada cede o direito de preferência para efeito de amortização ou resgate para a cota sênior.

412. O que é um Fundo de Investimento Imobiliário e quais são suas principais características?

Um Fundo de Investimento Imobiliário (FII), ou simplesmente Fundo Imobiliário, é um fundo de investimentos com o objetivo de aplicar recursos em empreendimentos imobiliários ou em imóveis prontos. O fundo pode comprar um ou mais imóveis/empreendimentos, total ou parcialmente, e direitos relacionados. Adicionalmente, cabe dizer que a carteira pode ser composta de imóveis comerciais, residenciais, rurais ou urbanos, para posterior alienação, locação ou arrendamento.

Dentre suas principais características estão a constituição como "condomínio fechado", a obrigatoriedade de aplicar pelo menos 75% do patrimônio líquido em bens e direitos imobiliários, com o saldo aplicado em ativos de renda fixa e o fato de serem fundos fechados. Cabe ressaltar que são fundos regulados pela CVM. Além disso, 95% do resultado líquido auferido pelo Fundo deverá ser distribuído ao cotista. As cotas são valores mobiliários que podem ser negociados em mercado secundário. Somente por meio da negociação da cota é possível se desfazer do ativo e reaver o dinheiro investido.

413. O que é um Fundo de Venture Capital?

É uma modalidade de Fundo de Investimento (em Empresas Emergentes) que tem como objetivo investir em empresas privadas de capital fechado, em geral, empresas consideradas "jovens". Legalmente, esse tipo de fundo deve ser um fundo fechado.

414. O que é um Fundo de Private Equity?

Um fundo de Private Equity, ou Fundo de Investimentos em Participações, também deve ser constituído na forma de fundo fechado e seus objetivos principais são a compra de participações por meio de ações, debêntures e bônus de subscrição de emissão de companhias abertas ou fechadas. A meta desse fundo é, por meio da compra de participação, poder participar no processo decisório da companhia, de forma a influenciar as decisões de gestão da empresa. Cabe ressaltar que no Brasil somente os investidores qualificados podem ser cotistas desse tipo de fundo de investimento.

415. O que é o Fundo Garantidor de Crédito?

Segundo o Banco Central, diferentemente do que a maioria das pessoas acha, o Fundo Garantidor de Crédito (FGC) não é um fundo do Governo e, sim, um fundo privado, sem fins lucrativos, que tem o objetivo de garantir proteção a correntistas, poupadores e investidores em casos específicos. É por meio desse fundo que podemos recuperar os depósitos ou créditos que tenhamos em qualquer instituição financeira, em caso de falência. São as próprias instituições financeiras que contribuem com uma porcentagem dos depósitos para a manutenção do FGC.

416. Você disse que a proteção é dada em casos específicos. Que casos são esses?

O FGC garante os depósitos à vista ou sacáveis mediante aviso prévio, os depósitos em caderneta de poupança, os depósitos a prazo, com ou sem emissão de certificado (CDB/RDB), as letras de câmbio, as letras imobiliárias e as letras hipotecárias.

417. Então, se eu tenho determinado montante em um desses tipos de depósitos e/ou investimentos, ele está protegido em caso de falência da instituição?

A resposta é sim e não. Sim, eles estão protegidos, porém somente até certo limite, que hoje é de R$60.000,00 por depositante ou aplicador, independentemente do valor total e da distribuição em diferentes formas de depósito e aplicação.

418. Por que os fundos de investimentos não possuem garantia do FGC?

Porque, legalmente, o patrimônio das instituições financeiras não se confunde com o patrimônio dos fundos de investimento que elas administram.

Fundos de Previdência Privada

419. O que se entende por Previdência Privada?

É um sistema que visa à concessão de benefícios previdenciários. Para tanto, o aplicador deve aderir a um plano de previdência com o objetivo de acumular recursos ao longo de um período predeterminado, a fim de poder obter renda mensal ou pecúlio, ao fim do período de acumulação ou, ainda, como forma de criar uma poupança. Pode ser do tipo *aberta* ou *fechada*.

420. Qual é a diferença entre um plano de previdência privada aberto e um fechado?

Um plano de previdência aberto é um plano oferecido por bancos, seguradoras e entidades abertas de previdência privada a qualquer pessoa física interessada na aquisição dele. Já um plano de previdência fechado é oferecido por empresas a seus empregados, exclusivamente; neste caso, em geral, é constituído um fundo de pensão, para o qual contribuem a própria empresa e seus funcionários. Os planos fechados também podem ser criados por sindicatos e entidades de classe.

421. Em que consiste e quais são as principais características de um PGBL?

PGBL (Plano Gerador de Benefício Livre) é um plano de contribuição definida, isto é, o investidor pode escolher o tipo de fundo de investimento que receberá os seus aportes, o valor dos aportes – o valor das contribuições, o tempo de contribuição, o benefício desejado – pecúlio ou renda – e seus beneficiários, mas não há garantia de rentabilidade, ou seja, não há garantia de benefício.

Cabe ressaltar que as aplicações em um PGBL, quando resgatadas, sofrem incidência de imposto de renda sobre o valor total resgatado, à alíquota da tabela de imposto de renda na fonte das pessoas físicas. Legalmente contribuições feitas a um PGBL podem ser deduzidas nas declarações de imposto de renda dos clientes até o limite de 12% das suas rendas brutas anuais.

422. Quais são os tipos de benefícios que podem ser escolhidos por quem aplica em um PGBL?

Basicamente, são quatro os tipos de benefícios que um aplicador de PGBL pode escolher:

1. Renda Vitalícia: O aplicador recebe os benefícios enquanto estiver vivo, a partir de uma idade predeterminada, quando da adesão ao Plano. Quando o aplicador falecer, o plano se extingue e não existem beneficiários.
2. Renda Temporária: O aplicador recebe os benefícios enquanto estiver vivo, a partir de uma idade e durante um tempo predeterminados, quando da adesão ao Plano. Quando o aplicador falecer, ou se esgotar o tempo de recebimento, o plano se extingue e não existem beneficiários.
3. Renda Vitalícia Reversível: O aplicador recebe os benefícios enquanto estiver vivo a partir de uma idade predeterminada, quando da adesão ao Plano. Quando o aplicador falecer, seu(s) beneficiário(s) passa(m) a receber os benefícios enquanto estiverem vivos.
4. Renda Vitalícia com Prazo Mínimo Garantido: O aplicador recebe os benefícios enquanto estiver vivo; ele deve, porém, estipular um prazo para a reversão dos benefícios a seu(s) beneficiário(s).

423. Em que consiste e quais são as principais características de um Plano VGBL?

O VGBL (Vida Gerador de Benefício Livre) é também um plano de contribuição definida e não há garantia do benefício a ser recebido. Em geral, podemos dizer que é destinado aos investidores que não possuem renda tributável ou que fazem declaração de imposto de renda utilizando o modelo simplificado, já que não é dedutível do imposto de renda, ainda que seja necessário o pagamento de IR sobre o ganho de capital, isto é, sobre a diferença do valor investido e o valor de resgate.

Nesse tipo de produto, também não existe garantia de rentabilidade mínima, ainda que todo o rendimento seja repassado ao integrante.

424. Em que consiste e quais são as principais características de um Plano FAPI?

O FAPI (Fundo de Aposentadoria Programável Individual) é um fundo de investimentos que tem por objetivo propiciar a complementação da Previdência Social. Em geral, é voltado a pessoas que não dispõem de fundos de pensão, como profissionais liberais. Como em um PGBL, as contribuições podem ser abatidas do imposto de renda, até o limite de 12% da renda bruta.

Os participantes podem trocar de administradores, a cada seis meses, sem pagar multa, imposto de renda e IOF. Há um prazo de carência para resgate. Em geral, se um resgate for efetuado em prazo inferior a um ano, a aplicação incorre em 5% de IOF.

425. Qual é a diferença entre taxa de administração e taxa de carregamento?

A taxa de administração que o cotista de um plano de previdência incorre é exatamente o mesmo tipo de taxa cobrada pela administração de um fundo de investimento qualquer. Já a taxa de carregamento é o valor que é descontado pela Entidade de Previdência Privada, de toda e qualquer contribuição aos planos de previdência.

CAPÍTULO 7

Derivativos

*A formulação de um problema é,
freqüentemente, mais importante do que
sua solução, a qual pode ser mera questão
de habilidade matemática ou experimental.*

ALBERT EINSTEIN

Motivação

Se você nunca ouviu falar de derivativos, leia este capítulo para, pelo menos, saber do que se trata. Agora, se você já sabe do que se trata, leia este capítulo para se inteirar dos assuntos que realmente têm importância prática, em especial no caso do mercado de derivativos no Brasil. Sim, porque posso falar, com conhecimento de causa, que todos os livros que li sobre derivativos – e não foram poucos! –, com duas exceções, não tratam de aplicações práticas no Brasil.

Este livro não tem o propósito de servir como referencial teórico ou prático sobre derivativos nem para o Brasil nem para qualquer mercado no mundo, mas uma coisa posso garantir: as próximas perguntas vão direto ao que interessa para quem quer começar a entender derivativos.

Assim, como nos demais capítulos, inciamos com alguns conceitos básicos; depois, olhamos com maior grau de aprofundamento os mercados e produtos derivativos da BM&F, da CETIP e da Bovespa. A seguir, passamos por estratégias e modelos de precificação específicos para opções *vanilla* de ações, juros e câmbio. Por fim, mostramos conceitos relacionados a procedimentos numéricos de avaliação de derivativos e uma breve taxonomia das chamadas opções exóticas.

Ah, sim, quase ia esquecendo. Como você poderá perceber, os derivativos derivam. Ao investir em derivativos, cuidado para, em vez de "navegar ao vento", você não acabar naufragando!

DEFINIÇÕES BÁSICAS

426. O que é um Derivativo?

São contratos cujos valores dependem de variáveis "básicas", os chamados ativos-subjacentes. Esses produtos são os contratos a Termo, Futuros, de Swaps e de Opções. No Brasil, esses produtos podem ser negociados na Bovespa, na BM&F ou na CETIP.

427. Quais são os tipos de Mercados Derivativos que existem?

São quatro os tipos de derivativos que existem, a saber:
1. Mercado a Termo
2. Mercado Futuro
3. SWAP
4. Opção

428. Para que servem os derivativos?

Para que os investidores possam efetuar operações de hedge e/ou alavacangem.

429. O que é contrato a termo?

É um contrato no qual as partes assumem compromisso de compra e venda para liquidação em determinada data futura de determinado ativo-objeto, não havendo ajuste diário nem intercambialidade de posições, ficando as partes vinculadas uma à outra até a liquidação do contrato.

430. O que é um contrato futuro?

É um contrato em que a liquidação física e financeira ocorre em uma data futura. O contrato é padronizado e as operações de compra e venda são efetuadas contra a bolsa, seja ela uma Bolsa de Mercadorias e Futuros ou uma Bolsa de Valores. As partes assumem compromisso de compra e venda, baseadas em um preço futuro – que nada mais é do que a cotação que determinado produto apresenta para uma data futura e que reflete as expectativas que os agentes do mercado possuem para o futuro em uma data presente. O compromisso futuro conta com os ajustes diários do valor dos contratos. As partes são não-vinculadas, ou seja, uma vez que o investidor abre uma posição, comprada ou vendida contra outro investidor, ele pode liquidar sua posição por meio de uma operação contrária, a qualquer momento, até o vencimento do contrato.

431. O que é um SWAP?

É um contrato particular entre duas partes para a troca futura de fluxos de caixa, obedecendo a uma fórmula de cálculo preestabelecida no contrato. Esses contratos visam à troca de rentabilidade e/ou de indexadores entre as partes. Analogamente aos contratos a termo, as partes acordam entre si o prazo, o valor e a forma de correção dos princípios teóricos estabelecidos nos contratos. São negociados em balcão e, no Brasil, são registrados na BM&F e na CETIP.

432. O que é um Contrato de Opção?

Contratos de Opção são contratos em que direitos de compra (opção de compra) e direitos de venda (opção de venda) são negociados entre duas contrapartes. Repare que não há somente obrigações como no caso de mercados a termo, futuros e swaps mas, também, DIREITOS para os compradores.

433. O que são operações que hedge e/ou alavacagem?

Os dois tipos de operações são operações antagônicas. Um hedge é uma operação que "protege" um investimento em um ativo, seja este ativo, uma ação, um investidor tem uma posição comprada num ativo, em uma cesta de ações, uma commodity, uma taxa de câmbio ou uma taxa de juros. Se ele executar uma operação de hedge, esta o protegerá de uma queda nos preços desse ativo. Analogamente, se o investidor tiver uma posição vendida num ativo, uma operação de hedge o protegerá de uma alta nos preços desse ativo.

Já uma operação de alavancagem permite aumento do retorno potencial de uma posição de investimento sem que haja aumento igual no montante investido.

434. O que é uma operação de arbitragem?

É uma operação financeira onde toma-se uma posição comprada ou vendida (a descoberto) em diferentes ativos, tal que haja retorno positivo, independentemente do que aconteça com o valor de mercado dos ativos.

435. Quais são as dez principais Bolsas de Futuros, Opções e de Mercadorias monitoradas por operadores de mercado no Brasil?

Sem dúvida alguma devo mencionar, em ordem alfabética:

1. BM&F: Bolsa de Mercadorias & Futuros
2. CBOE: Chicago Board Options Exchange
3. CBOT: Chicago Board of Trade
4. CME: Chicago Mercantile Exchange
5. EUREX: Europe's Global Financial Marketplace
6. EURONEXT-LIFFE
7. LME: London Mercantile Exchange
8. MexDer: Mercado Mexicano de Derivados
9. NYMEX: New York Mercantile Exchange
10. NYBOT: New York Board of Trade

MERCADOS DERIVATIVOS DA BM&F

Definições Gerais

436. Como são negociados os preços futuros na BM&F?

As negociações podem ocorrer tanto em pregão eletrônico como em pregão viva-voz, que é o pregão que ocorre na sala de negociações da BM&F, sendo realizado entre os operadores de pregão que recebem dos operadores de mesa ordens de venda e/ou compra transmitidas por clientes das respectivas Corretoras.

437. Que contratos são negociados na BM&F?

A BM&F mantém a negociação de contratos nas modalidades físico, futuro, opções e termo, nos mercados de balcão, eletrônico (GTS) e viva-voz, referenciados nas seguintes commodities: taxas de juro, taxas de câmbio, índice de ações, ouro, cupom cambial, títulos da dívida e commodities agropecuárias.

438. Quais são os custos transacionais que incorro operando na BM&F?

São seis os diferentes tipos de custos que um investidor incorre operando na BM&F, dependendo do ativo que ele está operando: Taxa Operacional Básica, Taxa de Emolumentos, Taxa de Liquidação, Taxa de Registro e Taxa de Permanência, quando for o caso.

439. O que é o chamado ajuste diário?

De maneira direta, podemos dizer que o ajuste diário é o mecanismo por meio do qual as posições em aberto mantidas pelos clientes, nos mercados futuros, são acertadas financeiramente todos os dias, segundo o preço de ajuste do dia, conforme apresentem ganho ou perda em relação ao preço de ajuste do dia anterior, ou ao preço de negociação, no caso das operações do dia.

Segundo a BM&F, ao negociarem contratos para um mês futuro e, no pregão subseqüente, o preço do vencimento em questão variar, vendedores e compradores deverão ajustar suas posições de acordo com a nova realidade, pagando ou recebendo um valor financeiro referente à variação do preço futuro. Vendedores: (a) recebem ajuste diário se o preço futuro for negociado abaixo de sua posição anterior, pois o mercado espera que a mercadoria física se desvalorize; (b) pagam ajuste diário se o preço futuro subir além da posição anterior, pois a mercadoria física deverá estar se valorizando. Simetricamente, compradores: (c) recebem ajuste se os preços futuros subirem acima da posição anterior, pois o comprador deverá pagar mais pela mercadoria no vencimento; (d) pagam ajuste à medida que os preços futuros caiam aquém da posição anterior, pois a mercadoria física deverá valer menos no vencimento.

440. E se, por exemplo, eu incorro em um ajuste negativo e não pago, o que acontece?

A BM&F executa as garantias depositadas por você, sejam elas quais forem. E você não poderá mais operar na BM&F.

441. O que significa contrato-padrão?

Representa um acordo relativo a cada uma das mercadorias ou ativos financeiros, que estabelece as condições para sua negociação nos mercados oferecidos pela BM&F (futuro, opções, termo e spot).

442. Como se encerram os contratos na BM&F?

Os contratos de liquidação futura, de maneira geral, se encerram por entrega (liquidação física) ou por pagamento/recebimento de diferença de preços (liquidação financeira).

443. Qual é a diferença entre liquidação física e liquidação financeira?

De forma direta, em uma liquidação física ocorre efetivamente a entrega do ativo-objeto do contrato; já uma liquidação financeira é feita por diferença de preços.

444. Como são identificados/codificados os ativos negociados nos mercados futuros da BM&F?

A codificação/identificação segue, em geral, o seguinte padrão:

- [ ] As primeiras três letras (podem constar dois algarismos no lugar das duas últimas no caso de *globals*) correspondem ao código do ativo.
- [ ] A quarta letra indica o mês de vencimento, de acordo com a tabela a seguir.
- [ ] Depois vem um número (em geral de dois algarismos), que identifica o ano de vencimento.

TABELA DE CODIFICAÇÃO DO MÊS DE VENCIMENTO DE UM CONTRATO FUTURO

Letra	Mês de Vencimento
F	Janeiro
G	Fevereiro
H	Março
J	Abril
K	Maio
M	Junho
N	Julho
Q	Agosto
U	Setembro
V	Outubro
X	Novembro
Z	Dezembro

445. Quais são os Contratos Agropecuários negociados na BM&F?
- ☐ Contrato Futuro de Açúcar Cristal Especial
- ☐ Contrato de Opção de Compra sobre Futuro de Açúcar Cristal Especial
- ☐ Contrato de Opção de Venda sobre Futuro de Açúcar Cristal Especial
- ☐ Contrato Futuro de Álcool Anidro Carburante
- ☐ Contrato de Opção de Compra sobre Futuro de Álcool Anidro Carburante
- ☐ Contrato de Opção de Venda sobre Futuro de Álcool Anidro Carburante
- ☐ Contrato Futuro de Etanol Denominado em Dólares dos Estados Unidos da América
- ☐ Contrato Futuro de Algodão
- ☐ Contrato Futuro de Bezerro
- ☐ Contrato de Opção de Compra sobre Futuro de Bezerro
- ☐ Contrato de Opção de Venda sobre Futuro de Bezerro
- ☐ Contrato Futuro de Boi Gordo Denominado em Reais
- ☐ Contrato Futuro Mini de Boi Gordo (WTr)
- ☐ Contrato de Opção de Compra sobre Futuro de Boi Gordo Denominado em Reais
- ☐ Contrato de Opção de Venda sobre Futuro de Boi Gordo Denominado em Reais
- ☐ Contrato Futuro de Café Arábica
- ☐ Contrato de Futuro Mini de Café Arábica
- ☐ Contrato de Opção de Compra sobre Futuro de Café Arábica
- ☐ Contrato de Opção de Venda sobre Futuro de Café Arábica
- ☐ Contrato Disponível de Café Arábica
- ☐ Contrato Futuro de Café Robusta Conillon
- ☐ Contrato de Opção de Compra sobre Futuro de Café Robusta Conillon
- ☐ Contrato de Opção de Venda sobre Futuro de Café Robusta Conillon
- ☐ Contrato Futuro de Milho em Grão a Granel Denominado em Reais

- ☐ Contrato de Opção de Compra sobre Futuro de Milho em Grão a Granel Denominado em Reais
- ☐ Contrato de Opção de Venda sobre Futuro de Milho em Grão a Granel Denominado em Reais
- ☐ Contrato Futuro de Soja em Grão a Granel
- ☐ Contrato de Opção de Compra sobre Futuro de Soja em Grão a Granel
- ☐ Contrato de Opção de Venda sobre Futuro de Soja em Grão a Granel

446. Quais são os Contratos Financeiros negociados na BM&F?
- ☐ Contrato Disponível Padrão de Ouro de 250 Gramas
- ☐ Contrato Disponível Fracionário de Ouro de 10 Gramas
- ☐ Contrato Disponível Fracionário de Ouro de 0,225 Grama
- ☐ Contrato Futuro de Ouro 250 Gramas
- ☐ Contrato de Opções de Compra sobre Disponível Padrão de Ouro
- ☐ Contrato de Opções de Venda sobre Disponível Padrão de Ouro
- ☐ Contrato a Termo de Ouro
- ☐ Contrato Futuro de Ibovespa
- ☐ Volatilidade de Ibovespa (VOI)
- ☐ Estratégia de Forward Points com o Futuro de Ibovespa (FWI)
- ☐ Contrato Futuro Mini de Ibovespa (WTr)
- ☐ Contrato de Opção de Compra sobre Futuro de Ibovespa – Modelo Americano
- ☐ Contrato de Opção de Venda sobre Futuro de Ibovespa – Modelo Americano
- ☐ Contrato de Opção de Compra sobre Futuro de Ibovespa – Modelo Europeu
- ☐ Contrato de Opção de Venda sobre Futuro de Ibovespa – Modelo Europeu
- ☐ Contrato Futuro de Índice Brasil-50
- ☐ Contrato Futuro de Índice Geral de Preços do Mercado

- ☐ Contrato Futuro Fracionário de Índice Geral de Preços do Mercado
- ☐ Contrato Futuro de Índice Nacional de Preços ao Consumidor Amplo
- ☐ Contrato Futuro de Taxa de Câmbio de Reais por Dólar Comercial
- ☐ Estratégia de Forward Points com Futuro de Dólar Comercial
- ☐ Negociação de Volatilidade de Taxa de Câmbio (VTC)
- ☐ Negociação de Volatilidade de Taxa de Câmbio com Ajuste (VCA)
- ☐ Contrato de Opção de Compra sobre Taxa de Câmbio de Reais por Dólar Comercial
- ☐ Contrato de Opção de Venda sobre Taxa de Câmbio de Reais por Dólar Comercial
- ☐ Contrato de Opção de Compra com Ajuste sobre Taxa de Câmbio de Reais por Dólar dos Estados Unidos
- ☐ Contrato de Opção de Venda com Ajuste sobre Taxa de Câmbio de Reais por Dólar dos Estados Unidos
- ☐ Contrato de Opções de Compra sobre Futuro de Taxa de Câmbio de Reais por Dólar Comercial
- ☐ Contrato de Opções de Venda sobre Futuro de Taxa de Câmbio de Reais por Dólar Comercial
- ☐ Contrato Futuro Mini de Taxa de Câmbio de Reais por Dólar Comercial (WTr)
- ☐ Contrato Futuro de Taxa de Câmbio de Reais por Euro
- ☐ Contrato Futuro de Taxa Média de Depósitos Interfinanceiros de Um Dia
- ☐ Negociação de Volatilidade de Taxa de Juro Forward em Reais (VTF)
- ☐ Negociação de Volatilidade de Taxa de Juro Spot (VID)
- ☐ Contrato de Opção de Compra sobre Índice de Taxa Média de Depósitos Interfinanceiros de Um Dia
- ☐ Contrato de Opções de Venda sobre Índice de Taxa Média de Depósitos Interfinanceiros de Um Dia

- Contrato de Opção de Compra sobre Futuro de Taxa Média de Depósitos Interfinanceiros de Um Dia – Modelo Europeu
- Contrato de Opção de Venda sobre Futuro de Taxa Média de Depósitos Interfinanceiros de Um Dia – Modelo Europeu
- Contrato Futuro de Cupom Cambial
- Cupom Cambial
- Contrato de Swap Cambial com Ajuste Periódico
- Swap Cambial com Futuro de Dólar
- Contrato de Swap Cambial Mini com Ajuste Diário
- Contrato Futuro de Cupom de IGP-M
- FRA de Cupom de IGP-M
- Contrato Futuro de Cupom de IPCA
- Contrato Futuro de Taxa Média de Depósitos Interfinanceiros de Longo Prazo – DI Longo
- Contratos Futuros da Dívida Externa
- Contrato Futuro de US Treasury Note de 10 Anos

447. Quais são os Contratos de Balcão negociados na BM&F?
- Contratos a Termo de Troca de Rentabilidade ou SWAPS
- Contratos de opções flexíveis
    - Em Taxa de Câmbio de Reais por Dólar dos Estados Unidos
    - Em Ibovespa
    - Em Índice de Taxa de Juro Spot

448. Entrando agora especificamente nos contratos agropecuários, e sabendo que cada contrato futuro possui uma região geográfica em que seu preço é formado, quais são estas regiões para cada commodity negociada na BM&F?

Cada commodity negociada na BM&F possui um local de formação de preço, conforme descrito a seguir:
- Açúcar, algodão e café arábica: município de São Paulo (SP)
- Álcool anidro carburante: município de Paulínia (SP)
- Bezerro: média dos preços do estado do Mato Grosso do Sul
- Boi gordo: média dos preços do estado de São Paulo
- Café conillon: região metropolitana de Vitória (ES)
- Milho: município de Campinas (SP)
- Soja: município de Paranaguá (PR)

449. Qual é a quantidade de produto de cada contrato?
- Açúcar: 270 sacas de 50 quilos
- Álcool anidro carburante: 30 metros cúbicos
- Algodão: 27.557,50 libras-peso ou 12,5 toneladas métricas
- Bezerro: 33 animais
- Boi gordo: 330 arrobas
- Café arábica: 100 sacas de 60 quilos
- Café conillon: 250 sacas de 60 quilos
- Milho: 450 sacas de 60 quilos
- Soja: 100 toneladas métricas

450. Quais são os meses de vencimento dos contratos futuros?
- Açúcar: fevereiro, abril, julho, setembro e novembro
- Álcool anidro carburante: todos os meses
- Algodão: março, maio, julho, outubro e dezembro
- Bezerro: fevereiro, março, abril, maio, junho, julho, agosto, setembro e outubro
- Boi gordo: todos os meses
- Café arábica: março, maio, julho, setembro e dezembro
- Café conillon: janeiro, março, maio, julho, setembro e novembro
- Milho: janeiro, março, maio, julho, setembro e novembro
- Soja: março, abril, maio, julho, setembro e novembro

451. Por que não existem vencimentos em todos os meses do ano?
Por três motivos:
- Concentração de negócios (liquidez).
- Meses de safra e entressafra.
- Coincidência de meses com outras bolsas, a fim de permitir a arbitragem entre mercados.

A exceção fica com os contratos de boi gordo e álcool, cujos vencimentos são mensais, porque a estrutura de comercialização e abastecimento no mercado à vista exige essa periodicidade.

452. Dentro dos meses de vencimento, quais são os últimos dias de negociação para cada contrato?

- Açúcar: sexto dia útil do mês de vencimento do contrato
- Álcool anidro carburante: sexto dia útil do mês de vencimento do contrato
- Algodão: décimo dia útil anterior ao primeiro dia do mês de vencimento
- Bezerro: último dia útil do mês de vencimento
- Boi gordo: último dia útil do mês de vencimento
- Café arábica: sexto dia útil anterior ao último dia do mês de vencimento
- Café conillon: último dia útil do mês de vencimento
- Milho: sétimo dia útil anterior ao último dia útil do mês de vencimento
- Soja: nono dia útil anterior ao primeiro dia do mês de vencimento

453. Por que alguns contratos são cotados em dólar?

Porque sofrem influência do mercado internacional da commodity-objeto, ou seja, possuem formação de preço fora do Brasil. Na BM&F, os contratos cotados em dólar são os de açúcar, algodão, café arábica, café conillon e soja; os cotados em reais são os de álcool anidro, bezerro, boi gordo e milho.

MERCADOS DERIVATIVOS DA BOVESPA

Mercado a Termo de Ações no Brasil

454. Entrando, especificamente, em Contratos a Termo, o que é uma operação de compra e venda a termo de ações?

É a compra ou a venda de determinada quantidade de ações, a um preço fixado, para liquidação em prazo determinado, a contar da data da operação em pregão, resultando em um contrato entre as partes.

455. Como é a formação do preço a termo?

O preço a termo de uma ação resulta da adição, ao valor cotado no mercado à vista, de uma parcela correspondente aos juros – que são fixados livremente em mercado em função do prazo do contrato. Por exemplo:

- Digamos que o preço à vista de uma ação seja igual a $100 unidades monetárias.
- Digamos que, no mercado, esteja sendo negociada a taxa a termos para 30 dias corridos e que as ofertas de compra e venda sejam de, respectivamente, 0,95% e 1,05%.
- Digamos que o comprador melhore seu *bid* para 1,00% e o vendedor melhore seu *offer* para o mesmo nível.
- Podemos concluir que o preço a termo acordado para a ação para um vencimento de trinta dias corridos será de $101 unidades monetárias, ou seja, o preço à vista no momento da negociação, acrescido da taxa a termo.

456. Como é feita a liquidação de um contrato a termo de ações?

Em uma operação a termo com ações na Bovespa, a liquidação do contrato se dá no vencimento ou antecipadamente, se o comprador do contrato assim desejar.

457. Por que um investidor compra ações a termo?

Em geral um investidor compra ações a termo por três motivos:

- Para assegurar o preço de compra de uma ação: se um investidor não dispõe do montante financeiro necessário para comprar determinado número de ações, mas espera uma alta nos preços, ele pode comprar essa quantidade de ações a termo, fixando o preço e beneficiando-se da alta da ação.
- Para se alavancar: mesmo tendo os recursos necessários para compra à vista das ações-objeto, o investidor pode comprá-las a termo e utilizar os recursos para outro fim.

- Para obter caixa: para detentores de carteiras que precisam de recursos mas não querem se desfazer de nenhuma ação; a alternativa de vender à vista para imediata compra a termo do mesmo papel permite ao aplicador fazer caixa e, ao mesmo tempo, manter sua participação na empresa.

458. Por que um investidor vende ações a termo?

Em geral, um investidor vende ações a termo por dois motivos:

- Para realizar uma operação de financiamento a termo: aqui o investidor compra as ações no mercado à vista e, simultaneamente, as vende a termo, garantindo uma rentabilidade prefixada. O principal objetivo do investidor é que o preço das ações suba antes do vencimento do termo e que o comprador a termo queira antecipar o vencimento, fazendo com que a taxa prefixada seja obtida em um prazo menor e, conseqüentemente, se torne uma taxa maior.
- Aumentar o preço de venda de uma ação: tomada a decisão de vender uma ação – sem a necessidade de uso imediato de recursos –, pode-se optar por uma venda a termo, maximizando ganhos, pois serão recebidos os juros de um período além do preço à vista da ação. Esse período – o prazo do contrato – será escolhido pelo vendedor a termo, de acordo com sua programação de aplicações e seu conhecimento de alternativas futuras.

Mercado de Opções *Vanilla* sobre Ações na Bovespa

459. Formalmente, o que é um contrato de opção?

É um contrato entre duas partes: o titular e o lançador. Ele dá ao titular (o comprador da opção) o direito, mas não a obrigação, de comprar ou vender, dependendo do tipo da opção, uma quantia predeterminada de determinado ativo em uma ou até uma determinada data, por um preço predeterminado ao lançador (vendedor da opção).

460. Como o titular adquire seu direito do lançador?

O titular paga ao lançador um preço estabelecido em mercado, o chamado prêmio da opção.

461. Como é definido se o tal direito é o de comprar ou de vender o ativo?

O direito de comprar ou vender é definido de acordo com o tipo de opção que se está negociando:
- ☐ Opção de Compra: Este tipo de opção confere a seu titular o direito de comprar quantidade estabelecida de determinado ativo em determinada data – ou antes da mesma – a um preço especificado. Se o titular usar seu direito ("exercer"), a outra parte (o lançador da opção) tem a obrigação de vender o ativo ao titular, de acordo com os termos do contrato.
- ☐ Opção de Venda: Este tipo de opção confere a seu titular o direito, mas não a obrigação, de vender quantidade estabelecida de determinado ativo em uma determinada data – ou antes da mesma – a um preço especificado. Se o titular usar seu direito ("exercer"), a outra parte (o lançador da opção) tem a obrigação de comprar o ativo do titular, de acordo com os termos do contrato.

462. O que é o ativo-objeto de uma opção?

As opções podem ser lançadas sobre ativos como commodities, metais, taxas de juros, taxas de câmbio, ações e índices. O ativo sobre o qual uma opção é baseada é denominado *ativo-objeto* ou *ativo-subjacente*. No caso de mercado de opções *vanilla* sobre ações na Bovespa, o ativo-objeto é qualquer ação negociada na própria Bovesta.

463. Como é definida a data na qual, ou até a qual, uma opção pode ser exercida por seu titular?

Essa data, chamada Data de Vencimento, é padrão, no caso das opções *vanilla* negociadas em bolsas de valores, ou acordada entre as partes, no caso de opções **exóticas** ou opções negociadas em mercado de balcão. Por exemplo, no caso das opções sobre ações negociadas na Bovespa, a data de vencimento corresponde à terceira segunda-feira do mês de vencimento da opção.

Assim, diz-se que uma opção *vanilla* tem um tempo de vida limitado, já que tem uma data de vencimento. Depois da data de vencimento, todos os direitos e obrigações conferidos pelas opções tornam-se nulos e sem efeito.

464. O que é o preço de exercício de uma opção?

O Preço de Exercício é o preço que o titular de uma opção paga pela compra, no caso de uma opção de compra, ou recebe pela venda, no caso de uma opção de venda pelo ativo-objeto, se ele optar por exercer a opção. Os preços de exercício são ajustados entre as partes no momento da negociação da opção.

465. Por que eu posso exercer uma opção em ou até determinada data?

No caso em que o titular só pode exercer seu direito na data de vencimento da opção, diz-se que ele tem uma opção européia; já no caso em que o titular poder exercer seu direito a qualquer momento até a data de vencimento, diz-se que ele tem uma opção americana.

466. O que é o chamado "Exercício" de uma Opção?

É a operação pela qual o titular de uma opção exerce seu direito, de comprar, no caso de uma opção de compra, ou de vender, no caso de uma opção de venda, o lote de ações a que se refere a opção, ao preço de exercício.

ESTRATÉGIAS BÁSICAS COM OPÇÕES

467. Por que comprar uma opção de compra?

O principal motivo para se comprar uma opção de compra é uma expectativa de alta no preço do ativo-objeto, com a conseqüente valorização do prêmio da opção. Assim, um investidor que compra uma opção de compra pode utilizar essa estratégia para se alavancar, ou seja, ao comprá-la, o investidor pode ter a mesma **exposição nocional** que teria se comprasse a ação-objeto, porém com um desembolso de caixa menor. Em conseqüência, se ele gastar a mesma quantia, sua exposição à alta da ação será maior por meio da compra de opções de compra. Ainda, para comprar uma ação, mesmo sem ter recursos para tal, o investidor que não dispõe por exemplo, de recursos no montante do valor de uma ação pode comprar opções de compra sobre essa ação, utilizando quantia menor de recursos e se apropriando, da mesma forma, da alta dos preços da ação.

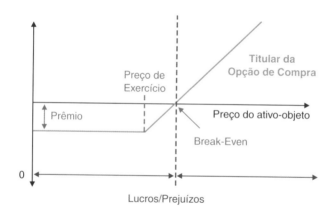

468. Por que vender uma opção de compra?

O principal motivo para se vender uma opção de compra é uma expectativa de queda no preço do ativo-objeto com a conseqüente desvalorização do prêmio da opção. Assim, um investidor que vende uma opção de compra pode utilizar essa estratégia para fazer um lançamento descoberto, ou seja, o investidor vende as opções de compra sobre determinada ação e não deposita como garantia, em cobertura, as ações-objeto. Agindo assim, se o preço da ação-objeto cair, o investidor auferirá um lucro, já que o prêmio da opção vendida também cairá. O lançamento descoberto é desaconselhável para investidores não acostumados com o dia-a-dia do mercado de opções e sem capacidade financeira suficiente para atender **chamadas de margem**.

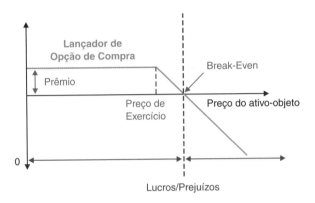

469. Por que comprar uma opção de venda?

O principal motivo para se comprar uma opção de venda é uma expectativa de queda no preço do ativo-objeto, com a conseqüente valorização do prêmio da opção. Assim, um investidor que compra uma opção de venda pode utilizar essa estratégia para proteger uma posição comprada preexistente na ação-objeto. Em teoria, se o investidor já possui uma posição comprada na ação-objeto, ele pode vender a própria ação se sua expectativa de preços é de queda; porém, é possível que o investidor não possa simplesmente vender a ação e, nesse caso, ele protegerá sua posição comprada com a compra de uma opção de venda. Adicionalmente, podemos pensar na compra de opções de venda para a proteção de posições compradas a termo. Por fim, o investidor pode utilizar a compra de opções de venda para fazer uma aposta simples na queda do preço de uma ação que ele não possua ou que não possa vender a descoberto. Assim, se o preço cair, ele auferirá um lucro.

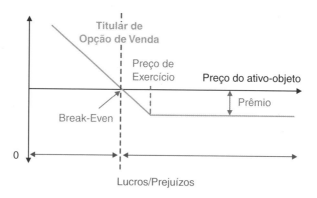

470. Por que vender uma opção de venda?

O principal motivo para se vender uma opção de venda é uma expectativa de alta no preço do ativo-objeto, com a conseqüente valorização do prêmio da opção. Assim, um investidor que vende uma opção de venda pode utilizar essa estratégia para se apropriar da alta dos preços de uma ação sem que ele tenha posição comprada no ativo ou caixa para gastar comprando opções de compra. Também, o investidor que almeja adquirir uma ação por um preço inferior a determinado patamar pode lançar uma opção de venda pois, caso ele seja exercido, o preço de compra do ativo-objeto será menor do que o preço de exercício, considerando-se o prêmio previamente recebido.

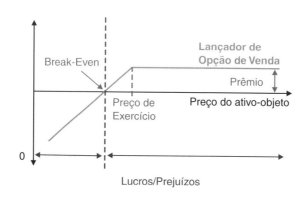

TABELA-RESUMO DAS ESTRATÉGIAS-BASE COM OPÇÕES

Posição	Expectativa sobre o Preço do Ativo-objeto	Ganho Potencial	Perda Potencial	Payoff no Vencimento
Comprada em Call	Aumento de preço	Ilimitado	Limitado ao prêmio pago	+Max [S-K;0] − c
Vendida em Call	Queda de preço	Limitado ao prêmio recebido	Ilimitado	−Max [S-K;0] + c
Comprada em Put	Queda de preço	Limitado ao preço de exercício	Limitado ao prêmio pago	+Max [K-S;0] − p
Vendida em Put	Aumento de preço	Limitado ao prêmio recebido	Limitada ao preço de exercício	−Max [K-S;0] + p

em que:
Max [x;y] é a função de máximo entre x e y
K é o preço de exercício da opção
S é o preço à vista (spot) do ativo-objeto
c é o prêmio da opção de compra
p é o prêmio da opção de venda

CAPÍTULO 8
Tributação de Investimentos no Brasil

O poder de tributar não pode chegar à desmedida do poder de destruir.

JOHN MARSHALL

Motivação

Tributar sempre foi prerrogativa do Estado, em especial, do Estado chamado República Federativa do Brasil.

Este capítulo tenta dar uma noção, nada mais do que uma noção, dos tributos que recaem sobre investimentos realizados no Brasil, seja por investidores nacionais, seja por estrangeiros.

Não é escopo do livro, e muito menos do capítulo, apresentar TODOS os detalhes do emaranhado tributário brasileiro no tocante a investimentos; não obstante, tento mostrar as principais regras que se aplicam na prática em casos "normais".

Assim, começamos o capítulo com conceitos gerais e partimos para uma seção provida de mais detalhes sobre Imposto de Renda – em renda fixa, renda variável, clubes e fundos de investimento e derivativos. Finalizamos com as regras pertinentes ao tratamento tributário para investidores estrangeiros.

CONCEITOS GENÉRICOS

471. Quais tributos podem incidir sobre investimentos feitos no Brasil por investidores pessoas físicas?

- ☐ CPMF
- ☐ IOF
- ☐ Imposto de Renda

472. O que é a Conta Investimento?

Nada mais do que uma conta de depósitos que permite a migração entre investimentos, sem a incidência de CPMF. Esse tipo de conta de depósito foi criada com o propósito de aumentar a liberdade do investidor para trocar de investimentos sem ônus extra.

Produtos que integram a Conta Investimento:
- ☐ Fundos de investimento de qualquer tipo
- ☐ Títulos públicos e privados de renda fixa
- ☐ Renda Variável
- ☐ Derivativos

473. Em que situações incide a CPMF para investidores brasileiros?

A chamada CPMF (Contribuição Provisória sobre a Movimentação ou Transmissão de Valores e de Créditos e Direitos de Natureza Financeira) incide sobre qualquer débito em conta-corrente. Assim, todo débito em conta corrente que tenha como destino a conta investimentos tem incidência de CPMF.

Em nenhum investimento feito a partir da conta investimento incide a contribuição.

474. Em que situações incide o IOF?

O IOF (Imposto sobre Operações de Crédito, Câmbio e Seguros) incide nas seguintes situações:

- ☐ Sobre o valor do resgate, cessão, repactuação e pagamento para liquidação de títulos e valores mobiliários.
- ☐ Em investimentos em renda fixa, FII e FAPI.
- ☐ Sobre o valor de resgate de quotas de fundos de investimento, constituídos sob qualquer forma, quando o investidor resgatar quotas antes de completado o prazo de carência para crédito dos rendimentos. Nessa hipótese, o referido tributo fica limitado à diferença entre o valor da quota, no dia do resgate, multiplicado pelo número de quotas resgatadas, deduzido o valor do imposto de renda, se houver, e o valor pago ou creditado ao quotista.

475. Como é a incidência de imposto de renda sobre investimentos no Brasil?

Formalmente, o imposto de renda é devido sobre os ganhos líquidos em operações realizadas no mercado à vista de ações, derivativos de renda fixa ou renda variável (termo, futuros, swaps e opções) e títulos de renda fixa – em operações finais ou day-trade nesses casos – e em fundos/clubes de investimento.

IR SOBRE INVESTIMENTOS EM TÍTULOS DE RENDA FIXA

476. No caso de investimentos em renda fixa, como é feita a tributação do IR?

Os rendimentos produzidos por aplicações financeiras de renda fixa, auferidos por qualquer beneficiário, sujeitam-se à incidência do imposto de renda na fonte às seguintes alíquotas:

1. 22,5% em aplicações com prazo de até 180 dias
2. 20,0% em aplicações com prazo de 181 dias até 360 dias
3. 17,5% em aplicações com prazo de 361 dias até 720 dias
4. 15,0% em aplicações com prazo acima de 720 dias

477. Como é feita a base de cálculo para efeitos de imposto de renda de investimentos em renda fixa?

A base de cálculo é a diferença positiva entre o valor da alienação (venda), líquido do IOF, quando couber (para operações com menos de 30 dias), e o valor da aplicação financeira.

478. Como é caracterizada a alienação do título ou aplicação em renda fixa?

A alienação compreende qualquer forma de transmissão da propriedade, como a liquidação, o resgate, a cessão ou a repactuação do título ou aplicação.

479. E os rendimentos periódicos produzidos por título ou aplicação em renda fixa?

Os rendimentos periódicos produzidos por título ou aplicação, bem como qualquer remuneração adicional aos rendimentos prefixados, são submetidos à incidência do imposto de renda na fonte por ocasião de seu pagamento ou crédito. Além disso, as operações estruturadas de renda fixa são tributadas como operações de BOX de três e quatro pontas em mercados de opções. Além desses casos, no mercado a termo de ações em bolsas de valores, em operações de venda coberta e sem ajustes diários, e em mercado de balcão.

480. Quem é o responsável pelo recolhimento do IR sobre investimentos em títulos de renda fixa?

É a entidade pagadora dos rendimentos, sendo que o tributo deve ser retido na fonte, quando do pagamento ou crédito dos rendimentos ou alienação dos títulos, e recolhido até o 3º dia útil da semana subseqüente.

481. Existe algum tipo de isenção para aplicações em títulos de renda fixa?

A resposta é não, não há isenção para o investimento em títulos de renda fixa.

IR SOBRE INVESTIMENTOS EM RENDA VARIÁVEL

482. E no caso de investimentos em renda variável, como é feita a tributação?

Os ganhos líquidos, constituídos pela diferença positiva entre o valor de alienação do ativo e o seu custo de aquisição, calculado pela média ponderada, auferidos em operações realizadas em bolsas de valores, de mercadorias, de futuros e assemelhadas, inclusive day-trade, são tributados às seguintes alíquotas:

Alíquota	Operação
20%	Day-trade
15%	No caso de alienação em operações de renda variável
1%	Imposto retido na fonte em operações de Day-trade
0,005%	Imposto retido na fonte em operações de venda de renda variável

Cabe ressaltar que, para efeitos de cálculo de ganho líquido, é admitida a dedução dos custos e despesas incorridos, necessários à realização das operações.

483. Como é caracterizado, para efeitos de imposto de renda no Brasil, um investimento em renda variável?

São caracterizados como de renda variável os investimentos cuja remuneração ou retorno de capital não pode ser dimensionado no momento da aplicação. São eles as ações, quotas ou quinhões de capital, **ouro ativo financeiro** e os contratos negociados nas bolsas de valores, de mercadorias de futuros e assemelhados.

484. Existem exceções à incidência de imposto de renda para investimentos em renda variável?

Sim, existem exceções e estas se aplicam aos seguintes casos:

1. Ao exercício de opções.
2. Às operações de titularidade das CCVMs, dos fundos e clubes de investimento.
3. Às operações de Day-trade, que permanecem tributadas à alíquota de 1%.
4. Às operações de investidores estrangeiros que operam de acordo com as normas e condições estabelecidas pelo Conselho Monetário Nacional.
5. Aos ganhos líquidos auferidos por pessoa física em operações efetuadas com ações, no mercado à vista de bolsas de valores, e em operações com ouro ativo financeiro, cujo valor das alienações (venda), realizadas em cada mês, seja igual ou inferior a R$20.000,00, para o conjunto de ações e para o *ouro ativo financeiro*, respectivamente.

485. E as operações de aluguel de ações, são tributáveis?

Sim, mas neste caso é o doador que recebe a taxa de aluguel quem tem de pagar imposto de renda na fonte sobre o rendimento da operação de empréstimo. A operação é tratada como operação de renda fixa e não de renda variável. Assim, as alíquotas de incidência de IR sobre empréstimo de ações seguem a tabela abaixo:

Tipo de Investidor/Prazo	Alíquota do IR sobre Empréstimo de Ações
Pessoa física em negócios de até 6 meses	22,50%
Pessoa física em negócios entre 6 e 12 meses	20,00%
Pessoa física em negócios entre 12 e 24 meses	17,50%
Pessoa física em negócios acima de 24 meses	15,00%
Investidor Estrangeiro	15,00%
Investidor Estrangeiro oriundo de Paraíso Fiscal	25,00%
Instituição Financeira	0,00%

486. Quais são as formas de compensação de imposto de renda no caso de investimentos em renda variável no Brasil?

O imposto retido na fonte poderá ser:

1. Deduzido do imposto sobre ganhos líquidos apurados no mês.
2. Compensado com o imposto incidente sobre ganhos líquidos apurados nos meses subseqüentes.
3. Compensado na declaração de ajuste se, após a dedução, houver saldo de imposto retido.
4. Compensado com o imposto devido sobre o ganho de capital na alienação de ações.

487. Como deve ser feito o recolhimento do imposto de renda?

O imposto sobre ganhos líquidos em renda variável é apurado por períodos mensais e pago até o último dia útil do mês subseqüente ao da apuração. Essas apurações devem ser feitas para cada ativo isoladamente, e as respectivas memórias de cálculo devem ser conservadas por um prazo mínimo de cinco anos. A responsabilidade pela retenção e pelo recolhimento do imposto de renda é do contribuinte. Para efetuar o pagamento, basta preencher duas vias do DARF (Documento de Arrecadação de Receitas Federais), uma espécie de guia de recolhimento que pode ser encontrada em qualquer papelaria, e realizar o pagamento em qualquer agência bancária. O investidor também tem a possibilidade de efetuar um download do arquivo SICALC (disponível no site da Receita Federal) para preenchimento e impressão da DARF (www.receita.fazenda.gov.br).

IR SOBRE INVESTIMENTOS EM FUNDOS E CLUBES DE INVESTIMENTO

488. Como é a tributação de Fundos de Investimento no Brasil?

A incidência do IR sobre aplicações em fundos de investimentos no Brasil é segmentada por tipo de fundo, seja ele de ações ou de renda fixa e, neste último caso, tenha ele carência ou não e prazo médio da carteira superior a um ano ou não.

489. Como é, então, a tributação para fundos de investimento em ações?

O fato gerador do IR, que possui alíquota de 15%, são os rendimentos auferidos quando do resgate das cotas e a base de cálculo é a diferença positiva entre o valor de resgate e o valor de aquisição da cota. Cabe ressaltar que não existe isenção para o investimento em fundos de investimento em ações.

490. Como é o recolhimento do IR no caso de fundos de ações?

O imposto é retido na data do fato gerador e recolhido até o 3º dia útil da semana subseqüente, sendo o próprio administrador do fundo o responsável pelo recolhimento.

491. Como é a tributação de Clubes de Investimento no Brasil?

É exatamente igual à tributação de fundos de investimento em ações.

492. E as aplicações em fundos de investimento renda fixa?

Para efeito de simplificação, não levaremos em conta nesta resposta os fundos de renda fixa com carência.

Aqui, o fato gerador são os rendimentos auferidos no último dia útil dos meses de maio e novembro de cada ano, ou no resgate, se ocorrido em outra data. Já a base de cálculo se traduz na diferença positiva entre o valor patrimonial da cota no dia da aplicação e o valor apurado no último dia útil do mês de maio e novembro ou no dia do resgate. O responsável pelo recolhimento é o administrador do fundo e o imposto é retido na data do fato gerador e recolhido até o 3º dia útil da semana subseqüente. Também não há isenção para o investimento em fundos de renda fixa.

493. E no caso dos fundos de investimento renda fixa com carência de até 90 dias?
Para esse tipo de fundo de investimento, o fato gerador são os rendimentos auferidos na data em que se completar a carência, ou no resgate, se ocorrido em outra data com a base de cálculo referida no dia do resgate/vencimento da carência.

IR SOBRE INVESTIMENTOS EM DERIVATIVOS

494. Quais são os principais parâmetros, aos quais um investidor pessoa física deve estar atento, com relação à cobrança de Imposto de Renda no mercado a termo?

- Fato gerador: auferir ganho líquido na negociação/liquidação de contratos a termo.
- Base de Cálculo:
  - Comprador: preço de venda das ações na data da liquidação do contrato, menos o preço nele estabelecido.
  - Vendedor descoberto: diferença positiva entre o preço estabelecido no contrato a termo e o preço da compra à vista do ativo para a liquidação daquele contrato.
- Alíquota: 15% (quinze por cento).
- Responsável pelo recolhimento: o próprio contribuinte.
- Recolhimento do imposto: apurado em períodos mensais e pago, pelo investidor, até o último dia útil do mês subseqüente.
- Isenção: não há isenção para o mercado a termo.

495. Quais são os principais parâmetros, aos quais um investidor pessoa física deve estar atento, com relação à cobrança de Imposto de Renda no mercado futuro?

- ☐ Fato gerador: auferir ganho líquido na negociação/liquidação de contratos futuros.
- ☐ Base de Cálculo: resultado positivo da soma algébrica dos ajustes diários apurados na liquidação dos contratos.
- ☐ Alíquota: 15% (quinze por cento).
- ☐ Responsável pelo recolhimento: o próprio contribuinte.
- ☐ Recolhimento do imposto: apurado em períodos mensais e pago, pelo investidor, até o último dia útil do mês subseqüente.
- ☐ Isenção: não há isenção para o mercado futuro.

496. Quais são os principais parâmetros, aos quais um investidor pessoa física deve estar atento, com relação à cobrança de Imposto de Renda no mercado de swaps?

- ☐ Fato gerador: é o aferimento de rendimentos.
- ☐ Base de Cálculo: é o resultado positivo na liquidação ou cessão de contrato. Alíquota:
  - ☐ Aplicações até 180 dias: 22,5%
  - ☐ Aplicações de 181 a 360 dias: 20%
  - ☐ Aplicações de 361 a 720 dias: 17,5%
  - ☐ Aplicações acima de 720 dias: 15%
- ☐ Responsável pelo recolhimento: a pessoa jurídica que efetuar o pagamento do rendimento.
- ☐ Recolhimento do imposto: na data de liquidação do contrato, sendo recolhido até o 3º dia útil da semana subseqüente.
- ☐ Isenção: não há isenção para o mercado de swaps.

497. Quais são os principais parâmetros, aos quais um investidor pessoa física deve estar atento, com relação à cobrança de Imposto de Renda no mercado de opções?

- Fato gerador: é o ganho líquido de custos transacionais, auferido na negociação/liquidação das opções.
- Base de Cálculo: é a diferença positiva apurada na negociação desses ativos ou no exercício da opção.
- Alíquota: 15% (quinze por cento).
- Responsável pelo recolhimento: o próprio contribuinte.
- Recolhimento do imposto: apurado em períodos mensais e pago, pelo investidor, até o último dia útil do mês subseqüente.
- Isenção: não há isenção para o mercado de opções.

IR PARA INVESTIDORES ESTRANGEIROS

498. Qual é a tributação aplicável aos investidores estrangeiros?

A tributação aplicável a investidores estrangeiros no Brasil, pela chamada Resolução 2.689, depende do país de origem do investidor. Na prática, a diferença reside no fato de o país de origem ser um "paraíso fiscal" ou não.

499. Então como é a tributação aplicável a investidores estrangeiros oriundos de paraísos fiscais?

- Investimentos em ações listadas em bolsa de valores: 15%.
- Rendimentos com Juros sobre Capital Próprio possuem incidência de 25% de imposto de renda.
- Rendimentos com Dividendos são isentos de imposto de renda.
- Rendimentos líquidos em contratos futuros e opções (flexíveis ou do tipo *vanilla*) na BM&F são tributados em 15%.
- Rendimentos obtidos de investimentos em títulos públicos e privados seguem as mesmas regras válidas para investidores brasileiros, ou seja, seguem a tabela regressiva, de acordo com o prazo da aplicação.

- Investimentos em fundos de ações são tributados à alíquota de 15%.
- Investimentos de Fundos de Renda Fixa de Longo Prazo: tributados de acordo com a tabela regressiva válida para brasileiros.
- Investimentos de Fundos de Renda Fixa de Curto Prazo: tributados em 22,50%, no prazo de até 180 dias, e em 20% para investimentos com prazo superior a 180 dias.
- Rendimentos obtidos em swaps seguem a tabela regressiva, válida para brasileiros, de acordo com o prazo da aplicação.

500. E para não oriundos de "paraísos fiscais"?

- CPMF
  - Pagam 0,38% em cima da entrada e saída de recursos, mas não na movimentação interna.
  - Estão isentos de CPMF os investimentos em renda variável, incluindo IPOs e contratos derivativos baseados em ações ou índices de ações.
- IOF: Pagamento de acordo com a tabela regressiva.
- IR
  - Os ganhos de capital em títulos públicos de renda fixa, operações de *venture capital*, renda variável e derivativos negociados em bolsa de valores, de mercadorias ou de futuros são isentos.
  - Rendimentos obtidos em swaps e fundos de ações são tributados em 10%.
  - Outros rendimentos obtidos em instrumentos de mercado monetário, incluindo títulos privados, como CPRs e CRIs e operações de box, são taxados em 15%.

501. O QUE FAZER APÓS A LEITURA DESTE LIVRO?

Bem, após a leitura dessas 500 perguntas, cabe responder a esta última questão: "O que fazer?" A resposta dependerá do tipo de leitor que você é e, conseqüentemente, de seus objetivos:

1. Se você leu este livro tendo como meta aprender sobre Finanças de uma forma geral ou, mais especificamente, sobre um ou alguns dos capítulos aqui contidos para aplicar esse conhecimento em seus próprios investimentos pessoais, então você deverá, de acordo com seu perfil de investidor e de acordo com o assunto que mais lhe convier, se aprofundar com as referências bibliográficas citadas.
2. Se você leu este livro com o objetivo de se preparar para uma prova de certificação, acho que veio ao lugar certo; afinal de contas, o livro aborda, de forma majoritária, os programas das principais certificações existentes no Brasil.
3. Por fim, se você é um profissional do mercado financeiro, independentemente de sua experiência, sugiro que o mantenha a seu alcance; muitos de seus colegas podem precisar dele!

Bibliografia

Generalidades
BODIE, Z. & MERTON, R.C. *Finanças*. 1ª ed. Bookman, 2002.
CAVALCANTE, F. & MISUMI, J.Y. *Mercado de Capitais*. Campus/Elsevier, 2001.
NETO, A.A. *Mercado Financeiro*. 5ª ed. Atlas, 2003.

Derivativos
HULL, J.C. *Opções, Futuros e outros Derivativos*. 3ª ed. BM&F/ Prentice Hall, 2003.
MARINS, A. *Mercados Derivativos e Análise de Risco*. Rio de Janeiro: AMS Editora, 2004. v. 1 e 2.
NETO, L.A.S. *Derivativos: Definições, Emprego e Risco*. 4ª ed. Atlas, 2002.

Fundos de Investimento no Brasil
SÁ, G.T.S. *Administração de Investimentos, Teoria de Carteiras e Gerenciamento do Risco*. Qualitymark, 1999.

Investimentos em Renda Fixa
FERREIRA, L.F.R., *Manual de Gestão de Renda Fixa*. Bookman, 2004.
SECURATO, J.R. et al. *Cálculo Financeiro das Tesourarias*. 2ª ed. Saint Paul Institute of Finance, 2003.

Investimentos em Renda Variável

DAMODARAN, A. *Avaliação de Investimentos. Ferramentas e Técnicas para a Determinação do Valor de Qualquer Ativo.* Qualitymark.

PÓVOA, A. *Valuation. Como Precificar Ações.* Editora Globo, 2004.

Sistema Financeiro no Brasil

FORTUNA, E. *Mercado Financeiro: Produtos e Serviços.* 14ª ed. Qualitymark.

Fontes de Informação Consultadas na Internet

www.abrapp.org.br
www.abrasca.org.br
www.abvcap.com.br
www.anbid.com.br
www.ancor.com.br
www.andima.com.br
www.apimec.com.br
www.bc.gov.br
www.bmf.com.br
www.bovespa.com.br
www.cetip.com.br
www.cibrasec.com.br
www.comoinvestir.com.br
www.cvm.gov.br
www.debentures.com.br
www.febraban.com.br
www.fgv.br
www.fipe.org.br
www.ibgc.org.br
www.ibge.gove.br
www.ibri.com.br
www.ini.org.br
www.portaldoinvestidor.gov.br
www.tesourodireto.gov.br

Índice

ABRAPP, 31
ABRASCA, 31
ABVCAP, 31
Ação, 63-67
Ações COM, 67
Ações EX, 67
Ações Ordinárias, 63
Ações Preferenciais, 63
Administradora de Consórcios, 24
Agencia de Fomento, 22
Agente Autônomo de Investimento, 29
Agente de Compensação, 110
Agentes de Custódia, 49, 50, 108
Alavancagem, 133, 134, 135
ANBID, 28, 29, 130-136
ANCOR, 29
ANDIMA, 30, 39, 40
APIMEC, 30
Arbitragem, 103, 148
Asset Management, 125
Associação de Poupanca e Empréstimo, 22
Balança Comercial, 12, 13
Balanço de Pagamentos, 12
Banco Central, 8, 10-12, 17-19, 25, 44, 45, 53, 73, 101, 109, 113
Banco Comercial, 20, 21
Banco de Desenvolvimento, 22
Banco de Investimento, 22, 68

Banco Múltiplo, 20
BB, 116
BC/BACEN, 17
Benchmark, 41, 134, 137
BM&F, 41, 59, 100, 112-122, 146, 1149-151, 155
BNDES, 17, 23
Bolsa Brasileira de Mercadorias, 115, 116
Bolsa de Mercadorias e Futuros, 26
Bolsa de Valores, 26, 63, 72, 80-84, 102
Bookbuilding, 56
Bovespa, 69, 73, 75-79, 84-96, 102-105
BOVESPA FIX, 56, 104, 105, 109
Bovespa Mais, 103
Caderneta de Poupança, 52, 53
CBLC, 49, 50, 69, 76-79, 104-113
CBOE, 149
CBOT, 149
CCVM, 49, 65.68, 71, 72, 75, 78, 105, 106
CDI, 9
CDI Extragrupo, 9
CDI Intragrupo, 9
Cédula de Credito Imobiliário, 52
Cédulas de Produto Rural (CPR), 52
Certificação CNPI e CIIA, 30
Certificação Profissional, 29

Certificado de Depósito Bancário, 52, 53
Certificado de Investimento Audiovisual, 52
Certificado de Recebível Imobiliário, 52, 54
CETIP, 54, 56, 100
CETIP NET, 56, 101
Chamadas de Margem, 163
Chinese Wall, 125
CME, 149
CMN, 9, 16-18
Companhia Aberta, 63, 64
Conselho Monetário Nacional, 12, 16, 18, 20
Contrato a Termo, 112, 147, 153, 158, 175
Contrato de Opção, 148, 152-155
Contrato Futuro, 147, 151-155
Cooperativa de Crédito, 21
COPOM, 11, 12, 50
CPA, 29
Custodiante, 28, 126
Custos Transacionais, 51, 70, 149, 177
CVM, 17, 19
DARF, 173, 174
DAX, 81, 84
Dealers, 45
Debênture, 52, 54-56
Depósito Compulsório, 10
Derivativos, 145-165
Direito Creditório, 107
DJIA, 84
Dólar Comercial, 8, 154
Dólar Turismo, 8
Dow Jones Industrial Average, 81
DTVM, 25, 30, 49, 68, 75
DVP, 101, 104, 108
Entidade Aberta de Previdência Complementar, 27
Entidade Fechada de Previdência Complementar, 27
FEBRABAN, 31
FGC, 138
FGTS, 21
FGV, 4, 5, 7, 96, 97
FIDC, 105, 138
FII, 138, 139

FTSE, 83
FTSE 250, 83
FTSE 350, 83
Fundo Cambial, 133, 137
Fundo de Ações, 135, 136, 137
Fundo de Investimento, 72-73, 124-128, 138-140
Fundo de Renda Fixa, 174, 175, 178
Fundo Long and Short, 134
Fundo Multimercado, 133, 134
Hedge, 62, 137, 147, 148
IBGC, 32, 80
IBGE, 5, 6
IBRI, 32
IBrX, 73, 74, 84
IBX, 80, 130, 135
IEE, 85, 89
IGC, 85, 91, 92
IGP, 5, 7, 39, 40
IMA, 39, 40
Imposto de Renda, 142, 143, 168-170, 173, 175-177
Índice de Ações, 79-80, 82, 83, 85, 89, 91, 93, 96
Índice de Inflação, 59, 129
Índice de Preço, 59, 132
Índice Setorial, 80, 85, 88
INI, 32
INPC, 5-7
INPLIT, 67
Investidor Estrangeiro, 27, 28, 114
Investidor Qualificado, 28
Investimento especulativo, 28
IOF, 53, 59, 143, 168-170
IPC, 7, 81, 84
IPCA, 5, 6, 39, 40, 48
IPO, 68
IRB, 17, 20
IRF, 39, 40
ISE, 87, 88
ISIN, 108
ITAG, 93
ITEL, 88
IVBX, 90, 91
Juros sobre Capital Próprio, 66, 67
LBOR, 58
Letra de Câmbio, 57
LFT, 46, 50, 120

Liquidação Financeira, 43, 47, 70, 100, 101, 150, 151
Liquidação Física, 59, 109, 147, 150, 151
LME, 149
LTN, 43, 44, 47, 50, 120
Margem de Risco, 112
Mercado de Aluguel de Ações, 76
Mercado de Câmbio, 8, 12, 25
Mercado de Opções, 159, 177
Mercado Primário, 56, 68, 101
Mercado Secundário, 45, 46, 48, 56, 69, 75, 116
Merval, 84
Nasdaq Composite, 81, 82
NIKKEI, 81, 82
NTN-B, 39, 44, 46, 48, 50, 120
NYBOT, 149
NYMEX, 149
Operacões Compromissadas, 45, 73, 121
Ordem a Mercado, 105
Ordem Administrada, 105, 106
Ordem Casada, 105, 106
Ordem de Stop, 105, 106
Ordem Executa ou Cancela, 106, 107
Ordem Limitada, 105
Ordem Tudo ou Nada, 107
Ordem Valida ate Cancelar, 106
Ordem Valida Ate uma Data Especifica, 106
PGBL, 142
PIBB 11, 72, 73
Política Cambial, 12
Política Fiscal, 13, 42
Política Monetária, 6, 9-12
Previdência Privada, 124, 141
Private Equity, 140
PROEX, 43
PTAX, 8, 39
PU, 38, 47, 48

Renda Variável, 82, 171
S&P 500, 81, 82
SFH, 9, 21-23
Sociedade Anônima, 20-27, 62, 63
Sociedade Corretora de Títulos e Valores Imobiliários, 25
Sociedade de Arrendamento Mercantil, 24
Sociedade de Capitalização, 27
Sociedade de Crédito ao Microempreendedor, 24
Sociedade de Crédito Imobiliário, 24
Sociedade de Crédito, Financiamento e Investimento, 23
Sociedade Distribuidora de Títulos e Valores Imobiliários, 25
Sociedade Seguradora, 26
SPLIT, 67
Standard & Poor's, 82
Stop gain, 106
Stop loss, 106
SUSEP, 17, 19, 57
Tag Along, 85, 93
Taxa de Administração, 124, 127, 128, 143
Taxa de Câmbio, 7, 8, 12, 148, 154
Taxa de Carregamento, 143
Taxa de Inflação, 12
Taxa de Juros, 8-11, 33-38
Taxa Selic, 9, 11, 39
Tesouro Direto, 49
TIR, 37, 38
Títulos da Dívida Externa, 9
Títulos Públicos, 41
TJLP, 9, 39
TR, 9, 39, 53
Underwriting, 68
Valor Futuro, 36, 37
Valor Presente, 37, 38, 47
Venture Capital, 31, 124, 138
VGBL, 143
Zero Coupon Bond, 38, 47

Conheça também os outros livros da Coleção

Fundos de Investimento

ISBN: 978-85-352-4302-4

Páginas: 160

Casos de Sucesso no Mercado de Ações

ISBN: 978-85-352-3724-5

Páginas: 192

Investindo em Opções - Nova Edição

ISBN: 978-85-352-4142-6

Páginas: 232

Introdução às Opções
ISBN: 978-85-352-3504-3
Páginas: 168

Guia para Investir em Ações
ISBN: 978-85-352-3710-8
Páginas: 224

Formação de Investidores
ISBN: 978-85-352-3697-2
Páginas: 200

Formação de Traders

ISBN: 978-85-352-3893-8

Páginas: 178

A Árvore do Dinheiro – Edição Revista e Atualizada e Adaptada ao Acordo Ortográfico

ISBN: 978-85-352-2420-7

Páginas: 208

Relações com Investidores

ISBN: 978-85-352-3350-6

Páginas: 192

Como Organizar Sua Vida Financeira
ISBN: 978-85-352-2418-4
Páginas: 208

Finanças Comportamentais
ISBN: 978-85-352-3195-3
Páginas: 160

SuasFinanças.Com
ISBN: 978-85-352-2837-3
Páginas: 272

Sobreviva na Bolsa de Valores
ISBN: 978-85-352-2860-1
Páginas: 248

Educação Financeira
ISBN: 978-85-352-2421-4
Páginas: 160

Como Esticar seu Dinheiro
ISBN: 978-85-352-2767-3
Páginas: 128

Como Chegar ao seu Primeiro Milhão
ISBN: 978-85-352-2970-7
Páginas: 192

Brasil: 100 Comentários
ISBN: 978-85-352-2798-7
Páginas: 264

A Dieta do Bolso
ISBN: 978-85-352-2789-5
Páginas: 248

A Bolsa para Mulheres
ISBN: 978-85-352-2780-2
Páginas: 176

O Sovina e o Perdulário
ISBN: 978-85-352-2765-9
Páginas: 144

Cartão Resposta
05012048-7/2003-DR/RJ
Elsevier Editora Ltda

········CORREIOS········

ELSEVIER

SAC | 0800 026 53 40
ELSEVIER | sac@elsevier.com.br

CARTÃO RESPOSTA

Não é necessário selar

O SELO SERÁ PAGO POR
Elsevier Editora Ltda

20299-999 - Rio de Janeiro - RJ

Acreditamos que sua resposta nos ajuda a aperfeiçoar continuamente nosso trabalho para atendê-lo(la) melhor e aos outros leitores. Por favor, preencha o formulário abaixo e envie pelos correios. Agradecemos sua colaboração.

Seu Nome: _____

Sexo: ☐ Feminino ☐ Masculino   CPF: _____

Endereço: _____

E-mail: _____

Curso ou Profissão: _____

Ano/Período em que estuda: _____

Livro adquirido e autor: _____

Como ficou conhecendo este livro?

☐ Mala direta   ☐ E-mail da Elsevier
☐ Recomendação de amigo   ☐ Anúncio (onde?) _____
☐ Recomendação de seu professor?
☐ Site (qual?) _____   ☐ Resenha jornal ou revista
☐ Evento (qual?) _____   ☐ Outro (qual?) _____

Onde costuma comprar livros?

☐ Internet (qual site?) _____
☐ Livrarias ☐ Feiras e eventos ☐ Mala direta

☐ Quero receber informações e ofertas especiais sobre livros da Elsevier e Parceiros

Qual(is) o(s) conteúdo(s) de seu interesse?

Jurídico - ☐ Livros Profissionais ☐ Livros Universitários ☐ OAB ☐ Teoria Geral e Filosofia do Direito

Educação & Referência - ☐ Comportamento ☐ Desenvolvimento Sustentável ☐ Dicionários e Enciclopédias ☐ Divulgação Científica ☐ Educação Familiar ☐ Finanças Pessoais ☐ Idiomas ☐ Interesse Geral ☐ Motivação ☐ Qualidade de Vida ☐ Sociedade e Política

Negócios - ☐ Administração/Gestão Empresarial ☐ Biografias ☐ Carreira e Liderança Empresariais ☐ E-Business ☐ Estratégia ☐ Light Business ☐ Marketing/Vendas ☐ RH/Gestão de Pessoas ☐ Tecnologia

Concursos - ☐ Administração Pública e Orçamento ☐ Ciências ☐ Contabilidade ☐ Dicas e Técnicas de Estudo ☐ Informática ☐ Jurídico Exatas ☐ Língua Estrangeira ☐ Língua Portuguesa ☐ Outros

Universitário - ☐ Administração ☐ Ciências Políticas ☐ Computação ☐ Comunicação ☐ Economia ☐ Engenharia ☐ Estatística ☐ Finanças ☐ Física ☐ História ☐ Psicologia ☐ Relações Internacionais ☐ Turismo

Áreas da Saúde - ☐ Anestesia ☐ Bioética ☐ Cardiologia ☐ Ciências Básicas ☐ Cirurgia ☐ Cirurgia Plástica ☐ Cirurgia Vascular e Endovascular ☐ Dermatologia ☐ Ecocardiologia ☐ Eletrocardiologia ☐ Emergência ☐ Enfermagem ☐ Fisioterapia ☐ Genética Médica ☐ Ginecologia e Obstetrícia ☐ Imunologia Clínica ☐ Medicina Baseada em Evidências ☐ Neurologia ☐ Odontologia ☐ Oftalmologia ☐ Ortopedia ☐ Pediatria ☐ Radiologia ☐ Terapia Intensiva ☐ Urologia ☐ Veterinária

Outras Áreas - _____

Tem algum comentário sobre este livro que deseja compartilhar conosco?
_____

* A informação que você está fornecendo será usada apenas pela Elsevier e não será vendida, alugada ou distribuída por terceiros sem permissão preliminar.
* Para obter mais informações sobre nossos catálogos e livros por favor acesse **www.elsevier.com.br** ou ligue para **0800 026 53 40.**